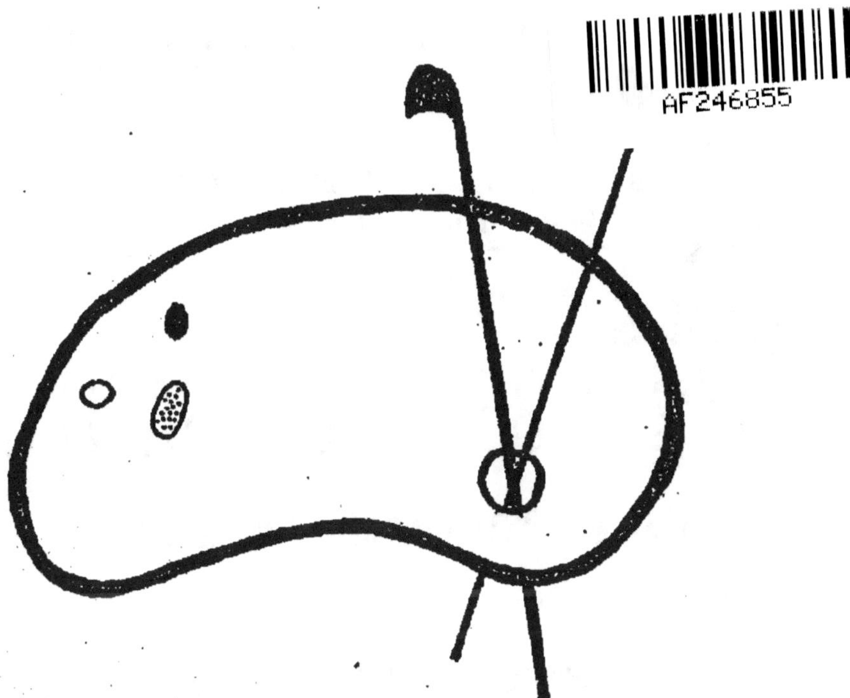

DEBUT D'UNE SERIE DE DOCUMENTS
EN COULEUR

SCIENCE ET RELIGION
Études pour le temps présent

QU'EST-CE QU'UN SAINT ?

ESSAI DE PSYCHOLOGIE SURNATURELLE

PAR

Dom Paul CHAUVIN, O. S. B.

Quatrième édition

PARIS

LIBRAIRIE BLOUD ET Cie
4, RUE MADAME ET RUE DE RENNES, 59

1904

SCIENCE ET RELIGION

Études pour le temps présent. — Prix 0 fr. 60 le vol.

181 **Petites religions d'Amérique.** *Les Cures divines. Le Spiritisme,* par le baron CARRA DE VAUX, professeur à l'Ecole libre des Hautes Etudes.. 1 vol.

182 **La Révolution française et l'Enseignement national (1789-1802),** par le Chanoine Allain.................... 1 vol.

183 **La Déclaration des Droits de l'Homme et la Doctrine catholique,** par J. BRUGERETTE, professeur licencié d'histoire et de philosophie.. 1 vol.

184 **Le Pessimisme contemporain. Ses précurseurs, ses représentants, ses sources,** par l'abbé C. MANO........... 1 vol.

185 **Les Possédées de Loudun et Urbain Grandier.** *Etude historique* par I. BERTRAND..................................... 1 vol.

186 *La première année sainte du XIXe siècle.* **Le Jubilé de 1825.** *Etude historique,* par M. GEOFFROY DE GRANDMAISON.... 1 vol.

187 **Les Motifs d'espérer,** *Discours prononcé à Lyon le 24 novembre 1901,* par Ferdinand BRUNETIÈRE, de l'Académie française. *Edition officielle augmentée de nombreuses notes.......* 1 vol.

188-189 **Les Relations entre la Foi et la Raison,** *Exposé historique,* par M. l'abbé DE BROGLIE, *avec Préface,* par le R. P. Augustin LARGENT, professeur à la Faculté de Théologie de Paris. 2 vol. Prix.. 1 fr. 20

190-191-192 *Origines du Protestantisme,* par E. LAFFAY, docteur ès lettres. 3 vol. se vendant séparément.

   I. — **L'Allemagne au temps de la Réforme**.......... 1 vol.

   II. — **Luther**.. 1 vol.

   III. — **La Conquête Luthérienne**...................... 1 vol.

193 **Les Sciences physionomiques,** *leur passé et leur présent,* par Charles GODARD...................................... 1 vol.

194 **La Supériorité du Christianisme,** *Coup d'œil sur les Religions comparées,* par Pierre COURBET.................... 1 vol.

195 **La Formation de la Volonté,** par J. GUIBERT P.S.S. 1 vol.

196 **Les Danses macabres et l'Idée de la mort dans l'art chrétien,** par Louis DIMIER, docteur ès lettres.......... 1 vol.

197 **Premiers principes d'Economie politique,** par H. RUBAT DU MÉRAC, professeur à la Faculté libre de droit de Paris... 1 vol.

198 **L'Evocation des Morts,** par le P. A. MATIGNON, S. J. 1 vol.

199 **L'Eglise et le Rachat des captifs,** par Paul DESLANDRES, archiviste paléographe.................................... 1 vol.

200 **La Propriété foncière du clergé sous l'ancien régime et la vente des biens ecclésiastiques** pendant la Révolution, par G. LECARPENTIER .... 1 vol.

201-202 **Les Moines de l'Afrique romaine,** IIIe et IVe siècles, par le R. P. Dom BESSE, O. S. B. 2 vol. Prix.............. 1 fr. 20.

203 **Les Origines de l'Episcopat,** par V. ERMONI........ 1 vol.

204-205 **L'Hypnose chez les Possédés,** par le Dr Charles HÉLOT, 2 vol. Prix. .... 1 fr. 20.

206 **Premiers principes d'Economie sociale,** par H. RUBAT DU MÉRAC... 1 vol.

207 *Questions de droit ecclésiastique et civil :* **Les Traitements ecclésiastiques,** par Lucien CROUZIL.................... 1 vol.

208 *La Bible et l'Orientalisme:* **La Bible et l'Egyptologie,** par V. ERMONI.. 1 vol.

209 DU MÊME AUTEUR : *La Bible et l'Orientalisme:* **La Bible et l'Assyriologie**.. 1 vol.

210 *Les Grands Philosophes:* **H. Taine,** par Michel SALOMON...... 1 vol.

211 **Apologie du Culte catholique,** par le chan. MOUSSARD 1 vol.

212 **Symbolisme du Culte catholique,** par A. SAUBIN.. 1 vol.

Les Bases anatomo-physiologiques de la psychologie, par le Dr E. BALTUS, professeur à la Faculté libre de Lille. — Introduction par E. PEILLAUBE.. 2 vol.

213-214 *Le Système nerveux,* 13 gravures.   Prix : 1 fr. 20.

215 *Le Cerveau.* Deux gravures................................ 1 vol.

216 **L'Influence de saint François d'Assise sur la civilisation et les arts,** par Alphonse GERMAIN...................... 1 vol.

217 **La Liberté de penser et la Libre pensée,** par le Chânoine CANET.. 1 vol.

218 **La Science de l'Invisible ou le Merveilleux naturel et la Science moderne,** par le P. HILAIRE DE BARENTON, O. M. C... 1 vol.

219-220 **Les Catacombes de Rome,** *Histoire et description,* d'après les documents les plus récents, par André BAUDRILLART, Agrégé de l'Université. *Ouvrage orné de 27 gravures.* 2 vol. Prix : 1 fr. 20

221 **Les Missions protestantes à la fin du XIX° siècle,** par l'abbé PISANI, docteur ès lettres...................... 1 vol.

222 **Un Miracle contemporain** (*Pierre de Rudder*), par Alfred DESCHAMPS. S. J., Docteur en médecine et en sciences naturelles. 1 vol.

223 **La Pénitence publique dans l'Eglise primitive,** par M. l'abbé VACANDARD.. 1 vol.

224 *Du même auteur :* **La Confession sacramentelle dans la primitive Eglise**.. 1 vol.

225 **Jeanne d'Arc a-t-elle abjuré au cimetière de Saint-Ouen ?** — *La vérité sur le Drame du 24 Mai 1431, d'après les conclusions présentées à Paris au Congrès des Sociétés Savantes, le 1er Avril 1902,* par M. l'abbé Ph.-H. DUNAND........................ 1 vol.

226 **Philosophie de la prière,** par I.-L. GONDAL ..... 1 vol.

227 *Les grands Ordres religieux :* **La Compagnie de Jésus,** par A. BROU.. 1 vol.

228 *Les grands Ordres religieux :* **Les Bénédictins,** par DOM BESSE, O. S.B.. 1 vol.

229 *Les grands Ordres religieux :* **Les Franciscains en France,** par le R. P. HILAIRE DE BARENTON, O. M. C............. 1 vol.

230 **Le Drame religieux au moyen âge,** par Marius SEPET.. 1 vol.

231 **La Mortification chrétienne et la Vie.** *Etude apologétique,* par A. CHABOT, vicaire général de Luçon.............. 1 vol.

232 **Les Elus dans l'Eglise et hors de l'Eglise,** par M. l'abbé LAXENAIRE... 1 vol.

233 *Questions de droit civil et ecclésiastique :* **Mariage civil et Divorce.— Deux éléments de ruine sociale,** par René LEMAIRE, docteur en droit, lauréat de la Faculté de droit de Paris. 1 vol.

234 **L'Art chrétien en France.** (Sculpture, Peinture, Mobilier d'église, etc.) *Des origines au XVIe siècle,* par M. A. GERMAIN 1 vol.

235 **Si toutes les Religions se valent ?** par J. BRUGERETTE 1 vol.

336 *Les Grands Philosophes.* **E. Kant,** par E. BEURLIER, professeur agrégé de philosophie.................................. 1 vol.

237 **La Franc-Maçonnerie, secte Juive née du Talmud.** *Ses origines, ses progrès, son rôle politique, sa haine de l'Eglise,* par I. BERTRAND.. 1 vol.

238 **Une loi injuste oblige-t-elle en conscience ?** par A. BELAN-
GER.. 1 vol.

239 240 **L'Immaculée-Conception.** *Courte histoire d'un dogme,* par
Xavier-Marie LE BACHELET, *S. J.* 2 vol. Prix : 1 fr. 20

241 **L'Etat, sa nature et ses fonctions,** par le R. P. CALMES 1 vol.

242 243 **Les conditions modernes de l'accord entre la Foi et
la Raison,** par M. l'abbé de Broglie, avec préface par le R. P. LAR-
GENT.............. .... 2 vol. Prix : 1 fr. 20

244 **La Primauté de l'évêque de Rome dans les trois premiers
siècles,** par V. ERMONI........................... 1 vol.

245 **Du Mensonge proprement dit et du Droit à la Vérité,** par
un PROFESSEUR DE THÉOLOGIE........................ 1 vol.

246 *Un Etat dans l'Etat :* **Les Protestants français sous
Henri IV,** par Joseph DENAIS-DARNAYS.............. 1 vol.

247 *Questions de Droit civil et ecclésiastique.* **De la Location des
sièges d'église,** par l'abbé Lucien CROUZIL.......... 1 vol.

248 *Histoire du Credo.* **Le Symbole des Apôtres,** par V. ER-
MONI... 1 vol.

249 **Le Catholicisme en Russie,** par I. L. GONDAL........ 1 vol.

250 **Les Instructions secrètes des Jésuites.** *Etude critique,* par
le R. P. BERNARD, *S. J.*.......................... 1 vol.

251 **L'Abstention religieuse dans le temps présent,** par le Chanoine R. PLANEIX.................................. 1 vol.

252 **La Christianisation des Foules.** *Etude sur la fin du paganisme populaire et sur le culte des Saints,* par Albert DUFOURCQ,
professeur chargé de Cours à l'Université de Bordeaux, docteur ès
lettres.. 1 vol.

253 **La Charité aux premiers siècles du Christianisme,** par
André BAUDRILLART, Agrégé de l'Université............. 1 vol.

254 **La Dépopulation en France : ses causes et ses remèdes,**
d'après les travaux les plus récents, par Henry CLÉMENT. 1 vol.

255 *Les Grands Philosophes.* **Auguste Comte,** sa vie et sa doctrine,
par Michel SALOMON................................ 1 vol.

256 *Les Erreurs du Protestantisme.* — **Luthériens et Grecs-
Orthodoxes,** par Dom Paul RENAUDIN. *O. S. B.*........ 1 vol.

257 **La Famille fait l'Etat.** *Etude sur la formation de la société
antique et de la société moderne,* par Frantz FUNCK BREN-
TANO.. 1 vol.

258 *Du même auteur :* **Grandeur et Décadence des Aristo-
craties.**.. 1 vol.

259 *Du même auteur :* **Grandeur et Décadence des classes
moyennes.**.. 1 vol.

260 261 **La Persécution religieuse en Allemagne** (1872-1879), par
le R. P. BERNARD, *S. J.* 2 volumes in-12, prix : 1 fr. 20.
Chaque volume se vend séparément.

I. *Les Congrégations*............................. 1 vol.

II. *Le Clergé et les Catholiques*.................. 1 vol.

262 *Les Ordres Religieux Contemporains.* — **Les Salésiens.
L'Œuvre de Dom Bosco,** par le comte FLEURY........ 1 vol.

263 **Le Renouvellement intellectuel du Clergé au XIX siècle.
— Les Hommes. — Les Institutions,** par le R. P. Alfred BAU-
DRILLART, professeur à l'Institut catholique de Paris.... 1 vol.

264 *Etudes de sociologie :* **Le Salaire,** par L. GARRIGUET, supérieur
du grand séminaire d'Avignon...................... 1 vol.

Imp. des Orph.-Appr. d'Auteuil, F. Blétit, 40, rue La Fontaine, Paris.

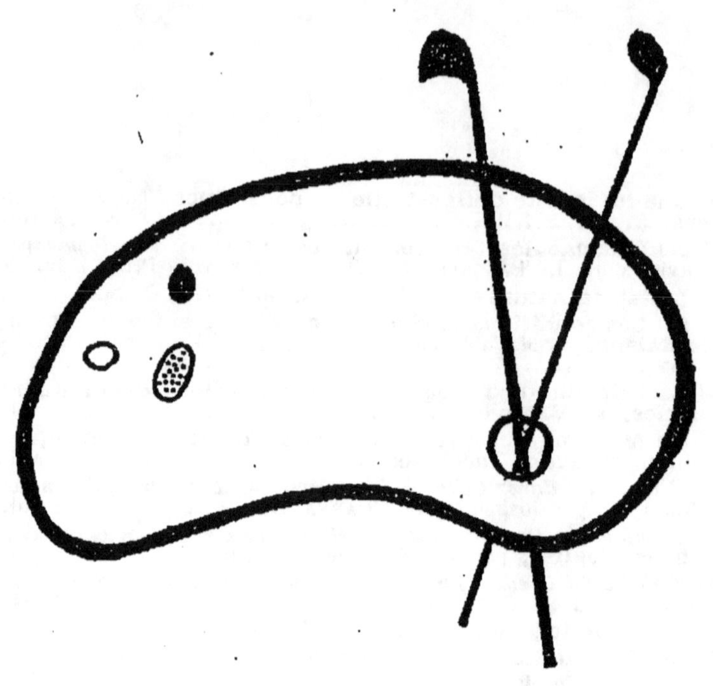

FIN D'UNE SERIE DE DOCUMENTS
EN COULEUR

QU'EST-CE QU'UN SAINT ?

QU'EST-CE QU'UN SAINT ?

ESSAI DE PSYCHOLOGIE SURNATURELLE

PAR

Dom Paul CHAUVIN, O. S. B.

PARIS

LIBRAIRIE BLOUD ET Cie

4, RUE MADAME ET RUE DE RENNES, 59

1904

Tous droits réservés.

INTRODUCTION

Le but de ces quelques pages est de mettre en lumière la notion de la sainteté.

Par le fait même que cette idée représente une réalité d'ordre pratique, elle ne peut offrir la simplicité d'un axiome, mais doit se présenter comme assez complexe, et, pour certains esprits, un peu touffue.

Beaucoup conçoivent sans peine, théoriquement, que la sainteté constitue une grandeur d'une espèce particulière, sans pouvoir spécifier au juste quelle en est la nature. Tout au plus la rattache-t-on vaguement à l'idée religieuse.

Certains esprits, se posant de préférence au point de vue pratique, aimeraient voir préciser le moyen, — qu'on nous permette le mot, la recette, — pour atteindre la sainteté considérée comme but.

Du reste il n'est pas toujours facile, d'après la lecture des vies de saints, de se faire une idée de ce qu'est la sainteté en général. Les notices hagiographiques anciennes tendraient à nous la présenter comme un idéal à peu près inaccessible ; par esprit de réaction, légitime en bien des points, les hagiographes modernes iraient plutôt à la diminuer ; tels les nimbes irréels, dont s'auréolaient les saintes images, se sont fondus sous des pinceaux moins croyants jusqu'à disparaître tout à fait. D'un côté, c'était donner à Dieu une part plus exclusive que vraie ; de l'autre, c'était la supprimer jusqu'à laisser l'homme à soi-même. Il faut montrer le saint tel qu'il est, c'est-à-dire dans un de esprit loyauté que n'effarouchent ni des faiblesses possibles, ni des prodiges transcendants. Si dans une biographie de saint une sélection s'impose, elle ne doit s'opérer sous la pression d'aucun parti pris, si louable qu'il puisse paraître.

Les pages qui suivent étudient brièvement comment le naturel et le surnaturel peuvent se pénétrer, se mélanger, se fondre, produire cette réalité exquise qui s'appelle un saint ; et comment, des manifestations très diverses de l'esprit de sainteté, se dégage un caractère commun à toutes et qui, par conséquent, en constitue l'essence.

De là deux divisions qui s'imposaient : quel est l'essentiel de la sainteté ? quel en est l'accessoire ?

Qu'est-ce qu'un Saint ?

I. — L'essentiel de la Sainteté.

Conceptions fausses de la sainteté. — Intelligence et volonté. — Tout le monde peut-il être un saint ? — Sainteté et génie. — Les surhumains. — Petits côtés des Saints. — Prédestination et effort. — Physionomies variées des Saints. — La loi de perfection. — La loi d'amour.

Dès le seuil de cette étude, il importe de définir ce qu'il faut entendre par ce mot : sainteté. Comme toutes les paroles signifiant une grande chose, celle-ci a dévié quelquefois de son sens. Le roman contemporain, qui ne dédaigne pas d'emprunter à la mystique chrétienne sa terminologie, parle à tout moment de passions saintes, de saints enthousiasmes, d'amours saints. Certaines héroïnes sont baptisées saintes, qui n'ont rien à voir avec la dévotion. Il est aisé de débarrasser la vraie notion de cette gangue.

D'autre part, le monde chrétien lui-même se fait fréquemment des conceptions plus ou moins exactes de la sainteté. Pour les uns, elle se réduirait à l'intégral paiement d'une menue monnaie de minutieuses prières. L'oraison continuelle est bien une des conditions de la sainteté : le Maître l'a dit (1). Mais il a dit aussi que la prière continuelle ne consiste pas dans le bavardage (2). La sainteté ne s'enferme pas dans cet étroit idéal.

Elle ne réside pas non plus, essentiellement du moins, dans l'austérité des mortifications. L'état de sainteté s'appuie nécessairement sur l'esprit et la

(1) Luc., XVIII, 1.
(2) Matth., VI, 7.

pratique de la pénitence ; et ce serait une étrange illusion que de vouloir supprimer cette vertu nécessaire. Cependant la pénitence n'est pas non plus le principe fondamental. La cultiver pour elle-même, c'est rechercher le créé, la créature, au sens large de saint Jean de la Croix, c'est-à-dire tout ce qui n'est pas Dieu. La mortification n'est pas la sainteté.

D'autres chrétiens, plus attirés par la tendresse paternelle de Dieu que frissonnants devant sa justice, décideraient volontiers que la sainteté n'est autre chose que la jouissance dans le service divin, l'attitude de l'enfant qui s'abandonne. L'âme se sent-elle dilatée et comme enlevée par-dessus les banales réalités terrestres ; se fond-elle, pour ainsi dire, d'amour aux bras de l'Ami divin ? Elle est en bonne voie. Gémit-elle sous l'accablement de sa sécheresse ? C'est un arrêt sur la route.

Amour d'enfant que celui-là, mais non pas amour de saint ! La dévotion produit de soi et principalement la joie (1). Et pourtant un grand nombre de saints se sont dirigés à travers d'effrayantes ténèbres spirituelles, pleines de tentations.

A l'heure où saint Ignace de Loyola, frappé de la grâce, commence une conversion sincère, il éprouve d'abord un écœurement de vivre parmi les gueux qui grouillent à l'hôpital où il est soigné ; puis, ce dégoût vaincu, il devine une tentation plus subtile dans l'affluence des foules qui accourent admirer sa pénitence. Il s'enfuit au désert et se livre à des mortifications telles, qu'il doit retourner se faire soigner à l'hôpital. Alors la stupide vanité, la vanité à laquelle les plus solides têtes n'échappent pas toujours, s'abat sur lui de tout son poids : il faut que Dieu y mette la main pour le tirer de ce piège. Puis ce sont des scrupules qui le minent et que rien

____

(1) *Devotio per se quidem et principaliter spiritualem lætitiam mentis causat.* S. Th. 2. 2. q. LXXXII, art 4.

ne peut dissiper, ni confessions générales, ni prières, ni jeûnes. Enfin l'obéissance lui rend la paix : maintenant il pourra guider les âmes tentées, il sait ce que c'est que la tentation.

Sainte Marie Madeleine de Pazzi se débat contre les plus odieuses suggestions. L'orgueil, la sensualité, le désespoir, la gourmandise assiègent son âme. Elle éprouve des doutes contre la foi. Ce n'est qu'après cinq ans de ce martyre que son visage décomposé reprend son calme, et qu'elle peut dire à ses sœurs : « L'orage est passé. »

Saint François de Sales en vient à croire que probablement l'enfer sera sa demeure éternelle. Cette terreur finit par le rendre malade. Enfin l'obsession disparaît devant la Vierge de Saint-Étienne des Grès.

Ces faits sont classiques dans la vie des Saints. Chercher la sainteté dans la joie spirituelle serait une illusion pire que toutes les autres. La joie crée dans l'âme une atmosphère favorable au développement des vertus : elle ne fournit pas la mesure de la sainteté, loin de là ; et surtout elle n'est pas la sainteté.

Ainsi chacun, obéissant à l'influence de son propre tempérament, aimerait à résumer la sainteté en telle ou telle vertu particulière qui cadre le mieux avec la modalité de son esprit. À ce compte, on risque de négliger l'indispensable. C'est ce que saint François de Sales fait remarquer en son langage toujours si naïf dans sa préciosité :

« Arelius, dit-il, peignoit toutes les faces des images qu'il faisoit à l'air et ressemblance des femmes qu'il aymoit (1) : et chacun peint la devotion selon sa passion et fantaisie. Celuy qui est adonné au jeusne se tiendra pour bien devot pourveu qu'il jeusne, quoy que son cœur soit plein de rancune ;

____

(1) Plin., *Hist. nat.*, l. XXXV, c. X (al. XXXVII.)

et n'osant tremper sa langue dedans le vin ni mesme dans l'eau, par sobrieté, ne se feindra point de la plonger dedans le sang du prochain par la mesdisance et calomnie. Un autre s'estimera devot parce qu'il dit une grande multitude d'oraysons tous les jours, quoy qu'apres cela sa langue se fonde toute en paroles fascheuses, arrogantes et injurieuses parmi ses domestiques et voysins. L'autre tire fort volontier l'aumosne de sa bourse pour la donner aux pauvres, mays il ne peut tirer la douceur de son cœur pour pardonner à ses ennemis ; l'autre pardonnera à ses ennemis, mais de tenir raison à ses creanciers, jamais qu'a vive force de justice. Tous ces gens-la sont vulgairement tenus pour devotz, et ne le sont pourtant nullement. Les gens de Saül cherchoyent David en sa mayson ; Michol, ayant mis une statue dedans un lict et l'ayant couverte des habillemens de David, leur fit accroire que c'estoit David mesme qui dormoit malade (1) ; ainsy beaucoup de personnes se couvrent de certaines actions exterieures appartenantes à la sainte devotion, et le monde croit que ce soyent gens vrayement devotz et spirituelz ; mais en verité ce ne sont que des statues et fantosmes de devotion (2). »

Alors même qu'on ne commettrait point ces lourdes méprises, on ne s'en tromperait pas moins en prenant pour un but ce qui n'est qu'un moyen.

*
* *

A envisager les choses en gros, il est hors de conteste que la sainteté, comme tout ce qui rentre dans la catégorie des vertus, est une disposition habituelle de l'âme. Mais tandis qu'une vertu particulière, la bonté, par exemple, n'oriente l'âme que

____

(1) I. Reg., XIX, 11-16.

(2) Introd. à la vie devot. I° p. ch. I. Œuvres, éd. Mackey, t. III, p. 14.

dans une seule direction, la sainteté enveloppe de son déterminisme la totalité de l'âme, si l'on peut ainsi s'exprimer. Un saint offrira toujours, malgré des défectuosités possibles, plus que des vertus fragmentaires : un tout harmonieux.

Le principe de cette unité morale vient de ce que le saint ne s'éparpille pas. L'homme simplement bon s'attache à la bonté comme à un but particulier, soit dans une intention purement utilitaire, soit pour un motif supérieur et tout surnaturel : le saint ne recherche les buts particuliers qu'en tant qu'ils sont des moyens d'arriver au but total. Ce but, c'est Dieu. La sainteté, dit saint Thomas d'Aquin, c'est la disposition « par laquelle l'esprit de l'homme s'applique, lui et ses actes, à Dieu (1). »

Essentiellement, la sainteté ne diffère donc pas de l'esprit de religion. L'un et l'autre sont de même genre. Cependant la sainteté a plus d'extension. La religion offre à Dieu le service qui lui est dû en ce qui touche spécialement le culte divin. La sainteté prend l'homme tout entier, avec ses facultés, ses actes, sa vie ; elle englobe toutes les autres vertus en même temps que la vertu de religion, et *dispose* ainsi l'être tout entier à rendre gloire à Dieu (2). La religion ne serait donc qu'un des aspects de la sainteté totale.

Pour que l'homme en vienne à cette habitude dominante, il est nécessaire que son intelligence soit profondément pénétré du *tout* de Dieu et du *rien* de la créature. « Celui-là, dit Hello, est le plus intime avec Dieu, qui a le frisson le plus solennel en face de la Majesté. » C'est la première étape, au moins logique. Dieu est saisi d'une manière vive, pénétrante. A cette conviction surnaturelle s'applique

(1) *Sanctitas dicitur per quam mens hominis seipsam et suos actus applicat Deo.* S. Th. 2. 2. LXXXI, art. 8.

(2) S. Th., *ibid.*

dans sa rigueur la définition de saint Paul : « La foi est la substance des réalités de l'espérance (1). » Elle met l'âme « en présence de Dieu », pour employer un terme reçu et très expressif.

Il y aura dans le saint une prédominance de l'une ou de l'autre de ces deux compréhensions de Dieu, — aussi justes l'une que l'autre, il faut bien le remarquer ; — Dieu, souverain Maître, Dieu, Père plein de tendresse. La question de tempérament, de tournure d'esprit jouera ici un rôle appréciable. Suivant que le saint sera plus porté à envisager la Majesté suprême ou le suprême Amour, il donnera à sa vie surnaturelle une couleur de rigidité ou d'abandon. Sous ces divergences, on retrouvera toujours et nécessairement la même réalité, une compréhension supérieure du tout de Dieu.

Cette disposition d'adoration et d'amour ne suffirait pas pour faire un saint. Nous savons trop par expérience combien le domaine intellectuel se montre, dans la pratique, impénétrable à l'action. Celui-là seul mérite le nom de saint, dont la conviction est logique et entraîne une adhésion très complète de la volonté.

C'est du reste la caractéristique vraie de la sainteté. Elle se déduit de sa manifestation la plus spontanée, la dévotion, ou piété, qui se définit, d'après saint Thomas : « une certaine volonté de se livrer avec promptitude à tout ce qui touche au service de Dieu (2). »

La volonté est ici la faculté maîtresse. Son action, ou son adhésion, constitue le critérium infaillible, qui isole absolument la vraie sainteté des saintetés frelatées.

Il est clair que si la volonté se trouve dans la dis-

______

(1) Hebr., XI, I.

(2) *Voluntas quædam prompte tradendi se ad ea quæ pertinent ad Dei famulatum.* S. Th., 2. 2. q. LXXXII, art. 1.

position habituelle de servir Dieu, c'est-à-dire de faire tout ce que Dieu veut, elle imposera son orientation et comme son mouvement (1) à tout l'ensemble de la vie, car « le moteur impose sa modalité au mouvement du mobile (2). » C'est elle qui séparera le saint du reste de l'humanité, selon le mot de Jésus-Christ : « Vous n'êtes pas de ce monde (3). » Elle influera non-seulement sur les autres déterminations libres de la volonté, mais aussi sur les actes de toutes les puissances de l'âme. C'est grâce à elle, et à elle seulement, que le saint présentera un caractère d'unité et de totalité que n'offre pas l'homme simplement vertueux.

*
* *

Il importe ici de délimiter encore davantage la question. Il y a saint et saint. Depuis la Vierge Marie jusqu'au dernier élu, depuis le dernier élu jusqu'à la plus misérable des âmes qui accomplissent péniblement leur salut sur la terre, s'échelonnent d'innombrables degrés. A mesure qu'on descend cette échelle, le mot modifie profondément sa signification. Tous ceux qui font partie de la « communion des Saints » ne méritent la désignation de saints que dans un sens extrêmement large.

Le chrétien qui lutte, tantôt vainqueur, tantôt terrassé, contre le péché mortel, ne peut être dit saint que par une analogie lointaine, alors même qu'il prend soin de purifier sa conscience après ses chutes. Il peut cheminer, de loin, sur la voie qui conduit à la sainteté : il n'est pas un saint. De même, l'âme plus délicate, qui se débat pourtant encore dans les toiles du péché véniel, l'âme surtout qui a réussi, grâce à la pratique attentive des vertus, fécondée

____

(1) S. Th. 2. 2. q. LXXXII, art. 1, ad 2.
(2) *Id., ibid.*, ad 1.
(3) Joan., XVII, 16.

par l'action divine, à échapper presque complètement à la tyrannie des fragilités journalières, ne mérite pas encore le nom de sainte, encore qu'on dise volontiers : C'est une sainte âme. Nous avons besoin de mots pour exprimer les choses ; mais nous savons bien, en les prononçant, que nous ne faisons qu'une approximation.

Le saint, au sens rigoureux, est quelque chose de plus ; et l'Église a trouvé l'expression vraie, en attribuant à ses saints, outre les vertus que pratiquent les âmes pieuses, un degré particulier d'*héroïcité*. Le saint est un héros.

Une conclusion s'impose dès à présent. Tout le monde peut et doit être saint, tout le monde ne peut pas être *un Saint*.

*
* *

Il en est de la sainteté comme du génie. L'un comme l'autre suppose une certaine prédestination à quoi rien ne saurait suppléer. L'homme solidement doué, armé d'une inaltérable patience unie à un entraînement exceptionnel, peut arriver à donner l'illusion du génie ; mais la flamme, l'intuition instantanée de la vérité, l'élan de l'âme qui se sent poussée par une force supérieure : tout cela ne peut pas être acquis par l'effort.

Le génie a bien pour base, comme le dit Max Nordau, une puissance d'intelligence et une puissance de volonté (1) ; mais il faut y ajouter des éléments plus humains encore, plus spontanés, plus physiologiques, si j'ose dire : la faculté de création,

(1) « Comme le centre cérébral le plus haut et le plus humain est le centre de jugement, le développement du jugement seul donne un vrai génie, qui ensuite, il est vrai, a besoin aussi d'un développement de volonté correspondant, pour rendre sensoriellement perceptible à d'autres le travail de son centre de jugement. Le génie de jugement est, jusqu'à présent, le dernier mot de la perfection humaine. » (Max Nordau. *Psychophysiologie du génie et du talent*, trad. Auguste Dietrich, II, page 169.)

qui s'appuie sur une imagination riche, et les facultés
émotionnelles dont le rôle est si intense dans toute
œuvre créatrice (1). Selon le mot de Stendhal, « pour
faire un homme supérieur, ce n'est pas assez d'une
tête logique, il faut un certain tempérament fou-
gueux ». C'est avec tout l'être que l'homme de génie
marche à sa destinée.

Là gît un des points de contact du génie et de la
sainteté. Pour le chrétien ordinaire, la foi et les
œuvres que la foi commande occupent une portion
fermée de sa vie, sans compénétration bien précise
de ce domaine et de celui de l'existence courante.
Une part pour la vie, une part pour Dieu : telle est
l'ordinaire balance. Il ne reste plus qu'une question
de quantité : un peu plus à celui-ci, un peu moins à
celle-là. Le saint, lui, subordonne tellement tout à
Dieu, que la création disparaît, pour ainsi dire. C'est
ce que saint Grégoire le Grand explique en un
magnifique langage au diacre Pierre, étonné d'ap-
prendre que saint Benoît eût pu, dans une vision,
apercevoir le monde entier sous un seul rayon de
soleil : « Retiens bien, Pierre, ce que je te dis. A
l'âme qui voit le Créateur, toute créature est étroite.
Si peu qu'elle aperçoive de la lumière du Créateur,
tout ce qui est créé s'amoindrit à ses yeux, parce
que cette lumière même de l'intérieure vision élargit
le sein de l'âme et la dilate si pleinement, qu'elle
devient supérieure au monde (2). »

Le saint ne fait pas deux parts de sa vie : il
marche dans l'unité. Et de même que la grande
pensée qui poursuit l'être génial englobe la totalité
de ses facultés, de même Dieu s'empare du saint
dans une telle mesure, que sa présence domine et
absorbe tout le reste. Les buts secondaires s'effacent

____

(1) « Le génie émotionnel, dit au contraire Max Nordau, n'est
pas à vrai dire un génie. » *Ibid.*, p. 147.
(2) II. Dial., 35.

devant l'unique but. De là le caractère d'unité compacte que revêt la vie des saints. Pendant une période plus ou moins longue, ils ont pu tâtonner, regimber même devant l'appel pressant que la conscience leur adressait au nom du Seigneur ; mais à partir du moment où ils se sont résolument engagés dans la voie de la sainteté, ils deviennent des êtres pleinement unifiés. Pour les hommes de génie, au contraire, l'unification ne se fait que sur un seul terrain, celui de leur idée dominante : tout le reste y échappe. L'histoire des grands hommes n'est pas celle qui présente le moins d'incohérences et de faiblesses.

Pour les saints, l'unité est vitale, pourrait-on dire. Et c'est peut-être la différence la plus marquante entre le saint et l'homme de génie. Ils constituent deux beautés unifiées d'un ordre très supérieur. L'une réside finalement dans l'intelligence, ou dans la volonté, ou dans ces deux facultés à la fois ; l'autre s'épanouit dans toute l'âme.

*
* *

Il n'est pas donné à tout le monde d'être un homme de génie ; mais une élite peut du moins arriver, par sa propre volonté, à dominer la masse de ses semblables. Une certaine philosophie considère même comme la base essentielle de sa morale l'obligation de s'élever indéfiniment. La vie, d'après Nietzsche, est « ce qui doit toujours se surmonter soi-même ».

La définition ne manque pas de grandeur. Le saint aussi cherche à monter sans cesse ; mais ses efforts tendent à un but précis, quoique infini. Il sait qu'ici-bas il ne pourra jamais l'atteindre, mais que plus tard, dans la vision face à face, il possédera Dieu pleinement et le connaîtra comme il est connu lui-même de Dieu. C'est en cela que le surnaturel se différencie radicalement du *surhumain*. L'homme vraiment homme, le « héros », le « maître », s'élève sans cesse au-dessus de l'état présent pour obéir au seul instinct de grandeur qui réside en lui. Il ne monte pas vers un but, il monte vers la hauteur, sans savoir pourquoi, pour monter, comme les personnages d'Ibsen, attirés par la fatalité des cimes. « Ce qu'il y a de grand en l'homme, c'est qu'il est un pont et non un but (1). »

On devine la conséquence de ce principe. Puisque l'homme doit, pour obéir à la loi d'ascension continue, viser à tout ce qui développe sa volonté, le bien est donc « tout ce qui est propre à tendre la volonté, à la rendre plus forte, à la soulever vers le haut... Le mal, c'est tout ce qui est de nature à affaiblir la volonté, c'est tout ce qui décèle un amoindrissement de l'énergie ». Aussi le premier devoir est-il d'être dur envers soi-même. La *cruauté* devient la vertu capitale.

Mais la cruauté envers soi-même nécessite la cruauté pour autrui. Car la pitié est essentiellement déprimante. « Devenez durs, dit Zarathoustra, tous les créateurs sont durs. » Le christianisme, qui prescrit la pitié, « est une maladie de la Vie ».

Le christianisme sanctionne aussi l'aspiration au bonheur qui réside dans le cœur de tout homme. Mais le bonheur lui-même n'est qu'une chimère incompatible avec la cruauté à l'égard de soi. Donc « nécessité de la douleur, moyen du surhumain, et pour qu'il y ait beaucoup de douleur dans le monde, nécessité de la méchanceté, de la méchanceté de l'homme, moyen de douleur ».

Il y a donc deux morales, la morale des « maîtres » et la morale des « esclaves ». La *force* constituant la seule mesure entre les activités, fixe seule le degré de bonté d'un acte. Les faibles, les timides, les

____

(1) Nietzsche. *Ainsi parlait Zarathoustra*, p. 11.

résignés, sont les vaincus d'avance, les *mauvais* (1).

Inutile d'aller plus loin. Les mots sont un peu nouveaux, et aussi les procédés enseignés : le fond de la pensée est vieux comme le monde.

Nous avions déjà ouï parler des intellectuels et des barbares, des parties cultivées et des parties simples de l'humanité, de la haute et de la basse culture, du culte des parfaits et du culte des imparfaits. Les gnostiques disaient : les hyliques et les pneumatiques, les hommes de la matière et les hommes de l'esprit.

L'homme surhumain de Nietzsche, le héros de Carlyle, le *representative man* d'Emerson, autant de formes intéressantes d'un type commun que le catholicisme, moins compliqué, appelle l'orgueil.

Une fois éliminée la part de l'attitude, de la pose, du snobisme ; et le résidu étant pesé au juste trébuchet du bon sens, que reste-t-il de ces théories ? Peu de chose : de la vanité mécontente, une once d'originalité, et parfois un grain de folie.

Il faut bien avouer qu'un « maître » nietzschéen ferait piètre figure à côté de saint Vincent de Paul. Ce dernier est un homme autrement complet.

*
* *

Est-ce à dire que le saint ne puisse avoir de petits côtés, comme tout homme a les siens ?

Dans son beau livre sur la *Psychologie des Saints*, M. Henri Joly, sans l'énoncer formellement, le laisserait à entendre. « Le grand homme, si grand pour les foules et pour tous ceux qui ne voient que les résultats extérieurs de ses travaux, est souvent petit pour ceux qui l'approchent et qui connaissent toutes les faiblesses de son caractère... C'est au contraire pour ceux qui l'ont approché de plus près

____

(1) V. *De Kant à Nietzsche*. Frédéric Nietzsche. § IV, dans le *Mercure de France*, t. XXXIII (1900), p. 332 et suiv.

que le saint est le plus saint ; ce sont eux qui, témoins de ses vertus cachées, de sa tendresse ignorée, de son crédit auprès de Dieu et de son invisible action sur les âmes, auront le plus souvent à éclairer l'ignorance et à dissiper les préjugés qui le méconnaissent (1). »

La thèse, ainsi posée, serait trop générale. Elle laisserait sans explication plausible les mépris, les méconnaissances, les persécutions même dont la vie des saints est coutumière. Si la sainteté s'imposait à ce point, personne, semble-t-il, n'y pourrait résister, à moins d'obstination. Or les saints n'ont pas été tourmentés toujours par des méchants, mais par des personnes animées des plus pures intentions. Il y a là, évidemment, un dessein providentiel, dont le but est de perfectionner la vertu des saints par l'épreuve : il y a quelque chose de plus.

La grâce élève la nature, mais ne s'y substitue pas. Le perfectionnement que la grâce imprime à l'âme humaine atteint directement l'essence même de l'âme et par là toutes ses facultés, mais principalement les facultés d'action, et surtout la volonté. L'intelligence, elle aussi, prend sa part de cette transformation, mais dans une mesure plus ou moins large. Quelques saints furent des hommes supérieurs, saint Augustin, par exemple, saint Thomas d'Aquin, saint Grégoire VII ; d'autres restèrent, — à part les lumières que Dieu leur accordait sur les choses religieuses, — ce qu'ils étaient naturellement, des esprits fort bornés. Et encore, ces lumières extraordinaires, Dieu ne les a pas toujours départies.

Par conséquent, sauf des cas miraculeux, — le bienheureux Albert le Grand, sainte Hildegarde, sainte Catherine de Sienne, saint Pascal Baylon, saint Joseph de Copertino et d'autres, — l'intelligence du saint conserve ses tendances innées et ses

____

(1) *Psychologie des Saints*, ch. I. p. 28, chez Lecoffre.

idées acquises. Or les divergences proviennent peut-être de ces tendances intellectuelles, à moins que celles-ci ne dérivent d'influences organiques plus profondes.

Beaucoup de saints montrèrent à la fois une mansuétude extrême de conduite et une admirable largeur d'esprit, et ceux-là sont incontestablement les plus sympathiques. Qui n'aurait aimé vivre dans l'intimité d'un saint Philippe Néri ?

Il n'étouffait pas la nature, celui-là, sous je ne sais quel formalisme pharisien que quelques-uns prennent pour la sainteté. Et l'on aimerait, dans certaines vies de ce charmant saint, à voir distinguer davantage entre ce qui est chez lui mortification héroïque, et ce qui n'est qu'extrême originalité d'esprit. Un jour, il rencontre dans les rues de Rome, en plein quartier commerçant, un capucin qui, tête et pieds nus, comme il sied, le bissac sur le dos et un petit baril sous l'aisselle, faisait sa quête quotidienne. C'était saint Félix de Cantalice, — un saint original, lui aussi. Les deux amis s'abordent, et, après quelques paroles échangées, le capucin demande malicieusement à saint Philippe s'il a soif.

— Oui, répond-il.

— Voyons alors si tu es vraiment mortifié, insinue Félix, en faisant passer son barillet sur l'épaule.

Sans hésiter, Philippe met la bouche au robinet sous les yeux de la foule. Mais ne voulant pas demeurer en reste de politesse avec son ami, il ôte son chapeau, le lui met sur la tête, en lui disant, à son tour :

— Voyons si tu es vraiment mortifié.

Et il le prie de continuer sa route ainsi coiffé : ce que fit aussitôt le bon saint.

Mortification, désir des humiliations : on trouve tout cela sans doute dans ce fait et dans une foule d'autres de ce genre ; mais de bonne foi, n'y reconnaît-on pas surtout une forte dose d'originalité ?

Les saints italiens, en particulier ceux qui appartiennent à la famille franciscaine, ont gardé dans le caractère, semble-t-il, plus de spontanéité. Ils sont gais jusqu'à la jovialité, naturels dans leurs vertus jusqu'à la bonhomie, à l'aise avec Dieu jusqu'à la familiarité. Ils appartiennent bien à la lignée du candide séraphin d'Assise : aussi le Seigneur choisit-il de préférence ces simples pour faire éclater en eux ses plus étonnantes merveilles.

En revanche, d'autres saints ont certainement présenté un idéal de sainteté très profond, admirable, mais peu attrayant. Il ne conviendrait pas ici de citer sans mesure ; mais, à l'encontre du jovial saint Philippe, n'en est-il pas d'autres avec lesquels nous aurions peu désiré habiter, tant leur perfection nous apparaît austère, inaccessible, farouche ?

Et même on pourrait signaler dans la série des saints des caractères difficiles, peu aimables, violents. Pour aller chercher un peu en arrière des exemples, saint Jérôme, le rude solitaire de Bethléem, l'adversaire intransigeant de l'erreur, ne montra pas toujours une tendresse excessive pour son ami saint Augustin. Dans sa polémique avec Rufin même, on relèverait bien des violences de langage et de conduite.

Le fondateur de l'abbaye de Luxeuil, saint Colomban, offre, lui aussi, un des types les plus caractérisés de la rudesse dans la sainteté. Un trait de sa vie, parmi bien d'autres, en fournit la preuve. Après son installation à Bregenz, où il avait trouvé un asile à l'abri des rancunes de Thierry, roi de Bourgogne, il se voit obligé de fuir son ennemi, devenu roi d'Austrasie après la défaite et la mort de Théodebert. Le saint prend le parti de passer en Italie. A ce moment, saint Gall, le fidèle compagnon de ses pérégrinations, se trouvant gravement indisposé, s'excusa de ne pouvoir le suivre. Colomban, persuadé à tort que son disciple cédait moins à la maladie qu'au désir très naturel de demeurer dans le pays, le lui permit : « Restez, lui dit-il ; mais je vous défends de célébrer la messe tant que vous saurez que je suis encore en vie ! »

Gall était si réellement malade, qu'il dut se soigner longtemps encore avant d'entrer en convalescence ; et bien que la pénitence fût un peu forte et imméritée, il obéit docilement à l'injonction de son maître. Un jour pourtant, après Matines, il avertit son diacre, Magnoald, de préparer l'autel pour la messe qu'il voulait y célébrer. Le diacre, stupéfait, crut que le saint oubliait la défense de Colomban, si bien observée depuis plus de deux ans. Celui-ci lui apprit alors qu'une vision, dont il venait d'être favorisé pendant la nuit, lui avait fait connaître le trépas de son père saint Colomban.

On ne peut méconnaître dans ce fait, d'un côté l'intention d'éprouver la vertu d'un disciple, de l'autre une obéissance héroïque ; mais il faudrait vraiment pousser l'indulgence à l'extrême pour ne pas avouer que saint Colomban n'était pas toujours d'un caractère facile, et que d'autres moines, moins parfaits, ne se seraient pas senti la patience de saint Gall.

Ces deux exemples suffiront, bien qu'il ne fût pas impossible d'en citer d'autres.

Le saint peut donc, tout comme l'homme de génie offrir ses petits côtés ; il peut fort bien « n'être pas un saint pour son valet de chambre ». Le contraire serait surprenant.

C'est un point que les hagiographes ont trop souvent dissimulé : il faut le regretter. Il est singulièrement encourageant de retrouver l'homme sous le saint.

Le plus souvent la sainteté s'impose dès ici-bas ; alors même qu'elle n'y réussirait pas totalement, elle se laisse deviner à un groupe d'élite. Elle ne prend ses véritables proportions que dans l'autre vie. L'éternité est la vraie patrie des saints. « La patrie, dit Hello, c'est le lieu du désir. »

*
* *

De même qu'il faut faire, dans le génie, la part des facultés de l'homme et celle d'un élément supérieur que le paganisme eût appelé la destinée, et que le chrétien désignera du nom de vocation ; de même la sainteté se compose de deux éléments qui se compénètrent, mais se distinguent pourtant : l'appel de Dieu et l'effort humain.

On est étonné de lire dans une foule de notices hagiographiques des phrases stéréotypées du genre de celle-ci : « Dès sa petite enfance, ce saint donna les marques les plus évidentes de sa sainteté future. » Ou bien on y raconte des prodiges dont s'illumine le berceau de l'enfant prédestiné.

C'est une lueur miraculeuse qui éclaire la chambre où naît saint Paul de la Croix, ou qui embrase le ciel au-dessus du château d'Arona au moment même où saint Charles Borromée vient au monde. C'est un songe prophétique qui avertit de la sainteté future de leurs enfants les mères de saint Dominique, de saint André Corsini, de saint Norbert, de saint Camille de Lellis. C'est un groupe d'Anges qui élève un cercle d'or chargé de sept flambeaux ardents au-dessus de la tête de l'enfant que ses parents appelleront Angelella (petit ange), mais à qui la voix publique donnera le nom de Colombe, à cause de l'oiseau mystérieux qui parut lors de son baptême. C'est la mère de saint François d'Assise et celle de saint Joseph de Copertino qui se voient forcées par les circonstances de mettre leur enfant au monde dans une étable, — touchante ressemblance avec Jésus. C'est un essaim d'abeilles qui bourdonne autour de la bouche de saint Ambroise et de saint Dominique, endormis dans leur berceau, comme autrefois il avait volé, dit-on, autour des lèvres de Platon et de Pindare. Réalités ou expressifs symboles, ces faits ne sont que la traduction sensible de la prédestination de Dieu.

Parfois le saint semble répondre peu aux surnaturelles prévenances. Ou bien l'âge amène des défaillances passionnelles, longues et profondes. L'exemple de sainte Marie-Madeleine et celui de saint Augustin sont trop connus pour qu'on y insiste. Saint André Corsini, saint Norbert, saint Romuald, — ce dernier assez mal élevé, il faut le dire, — passent leur jeunesse dans le désordre. On montre du doigt sainte Marguerite de Cortone quand elle passe dans les rues de la ville. Mais lorsque l'heure de Dieu a sonné pour ces âmes égarées, elles se reprennent à la vertu avec la même fougue qu'elles s'étaient jetées dans le vice. Seules les âmes passionnées peuvent devenir des âmes héroïques.

Pourtant, on remarque plus d'une fois, dans l'histoire des saints, des hésitations très humaines assurément, mais bien étranges, en présence de la volonté de Dieu clairement manifestée. Le bienheureux Ange d'Acri, malgré ses bons désirs et sa piété, sort deux fois de suite du couvent des Capucins de sa ville natale, et ne trouve qu'à grand'peine, lors d'une troisième épreuve, la fixité qui lui manque si fort.

Saint Camille de Lellis, — un enfant prédestiné pourtant — se jette avec fureur dans le vice et le jeu. Un jour, la vue de deux religieux de Saint-François d'Assise le touche : il fait vœu de renoncer au désordre de sa vie. Quelques jours après, il n'y pense plus. Pendant une tempête qui l'épouvante, il renouvelle sa promesse : à peine est-il à terre, qu'il a tout oublié. Le jeu le ressaisit : il perd son arquebuse, son manteau, jusqu'à sa chemise. Il doit mendier pour ne pas mourir de faim, une main au chapeau, l'autre sur son visage rouge de honte. Enfin il s'embauche comme aide-maçon chez les capucins de Siponto : c'est là que la grâce l'attend. Il n'y sera pas au bout de ses peines, il est vrai ; mais du moins sa volonté ne se séparera plus de Dieu.

L'exemple le plus étrange peut-être des résistances à la grâce est celui de sainte Hyacinthe Mariscotti. Après une pieuse enfance, elle se laisse entraîner, très jeune encore, à toutes les futilités de la coquetterie et de la légèreté. Sa sœur faisait l'édification du couvent des Clarisses de Viterbe où elle avait fait profession : on y fait entrer l'enfant récalcitrante. Ni les bons exemples, ni les avertissements ne viennent à bout de cette tête légère ; elle n'a qu'un désir : s'en aller. Dans le monde où elle retourne, elle ne peut, belle et coquette comme elle est, trouver un parti, tandis que sa plus jeune sœur fait un riche mariage. De là dépit, colère, humeur noire : elle devient insupportable.

De nouveau, elle se laisse enfermer au couvent. Mais là, les pauvres cellules de ses sœurs lui font horreur : elle se fait meubler un appartement princier. Pendant dix ans, cette clarisse bizarre y donne le spectacle de sa tiédeur. Elle tombe enfin gravement malade : un homme de Dieu, le Père Antonio Bionchetti, réussit à faire pénétrer dans son âme un remords affreux : elle sanglote, fait une confession générale, se convertit.

Elle est de bonne foi, la pauvre femme ; mais le cœur ne se déprend pas ainsi de ses caprices. Il faut que la maladie vienne la secouer encore pour briser les derniers liens qui l'attachent toujours à son triste passé. Cette fois, la conversion est complète : elle est une sainte.

Curieuse évolution que celle de la conversion dans l'âme des saints ! Le saint, passant de la période pécheresse, tiède ou même simplement moins parfaite à une vie tout imprégnée de l'élément divin, ressemble assez à l'homme en qui s'enracine une forte passion.

M. Ribot, qui a analysé les sentiments avec une psychologie si pénétrante, assigne une double origine à la passion : l'une qu'on peut appeler le coup de foudre, l'autre, à laquelle il donne le nom significatif de « cristallisation ». En d'autres termes, la passion naît d'une action brusque ou d'une action lente. A la première, il attribue la nature violente de l'émotion qui l'a produite, « autant du moins que sa métamorphose en une disposition permanente le permet » ; quant à la seconde forme de passion, « en raison de son origine, elle a moins de fougue et plus de ténacité » (1). Dans quelle mesure cette dernière distinction se vérifie-t-elle en matière spirituelle ? Il serait difficile de l'apprécier.

En tout cas, l'erreur est assez commune de ceux qui s'imaginent qu'un saint ne chancelle point, et que, sitôt terrassé par la grâce sur son chemin de Damas, il devient, par une transformation subite et radicale, un être supérieur en toute chose aux faiblesses de l'humanité. N'est-il pas plus encourageant de constater, jusque chez les héros de la sainteté, les hésitations, les chutes même dont nous possédons la trop certaine expérience, et de savoir que, malgré la marque que Dieu leur avait, dès l'enfance, imprimée au front, tous ne se montrèrent pas fidèles tout d'un coup ?

Quoi qu'il en soit, il est certain que la prédestination divine constitue la cause extrinsèque et principale de la sainteté. « Dieu, dit saint Ambroise cité par saint Thomas d'Aquin, appelle ceux qu'il daigne appeler ; celui qu'il veut, il le fait religieux » (2), c'est-à-dire à dire saint.

(1) *Psychologie des Sentiments.* Introd., 3ᵉ éd. p. 21.

(2) *Deus quos dignatur, vocat : et quem vult, religiosum fecit.* 2. 2. q. LXXXII, art. 3.

Outre cet appel, qui représente la part divine dans l'œuvre de la sainteté, le prédestiné met en œuvre ses facultés personnelles, sa volonté surtout, qu'il retrempe dans la méditation ou contemplation. C'est là qu'il puise l'amour, cause prochaine et intrinsèque de sa sainteté (1).

Nul effort au monde ne saurait remplacer la prière, cette prière cordiale qui arrache l'âme à elle-même et la met vis-à-vis de la divinité. Beaucoup d'hommes ont pratiqué, sous une forme ou sous une autre, cette étude attentive de leurs actes à laquelle la théologie ascétique a donné le nom d'examen de conscience. Des philosophes l'ont recommandé comme la plus profitable des disciplines intellectuelles et morales. Mais l'examen de conscience, qui peut singulièrement perfectionner l'homme, ne peut pas, de soi, le faire monter jusqu'aux sommets de la sainteté. « Pascal, fait remarquer Ernest Hello, qui fut uniquement préoccupé de la sainteté, ne devint pas un saint. Il passa sa vie en face de lui, au lieu de la passer en face de Dieu. »

La nuance est fort justement exprimée. L'effort du saint tend à se déprendre de soi de plus en plus jusqu'à s'identifier avec Dieu, dans la vie de grâce puisée aux sources de la prière, et non pas à se replier sur sa propre vie pour en sonder les plus secrètes obscurités. Il fait œuvre de croyant et non de psychologue : celle-ci ne serait qu'une œuvre humaine ; celle-là est œuvre de Dieu.

*
* *

En dehors de ces deux éléments, l'un divin, l'autre humain, aussi indispensables l'un que l'autre, mais placés à des hauteurs différentes dans la hiérarchie

(1) *Ibid.*

des causes, le saint reste essentiellement maître de ses conceptions et de ses actes.

C'est pour ce motif que la sainteté ne ressemble en rien à un moule dans lequel il serait imposé de se laisser pétrir au préalable. Rien de plus divers que les physionomies des saints. Loin de faire une galerie de tableaux à demi-teintes effacées, ils se détachent en vigoureux relief. Ou plutôt ils vivent, ils sont la vie, l'originalité débordante, l'humanité dans ses plus attachantes manifestations.

Celui-ci, enthousiaste ardent du caractère large et doux que présente la religion de Jésus-Christ, épris de ce que saint Paul appelle « la glorieuse liberté des fils de Dieu » (1), dilate son cœur dans l'amour, simplifie sa vie, laisse épanouir dans leur floraison spontanée tous les dons du Seigneur. Au lieu de s'arrêter aux mille détails d'un aride travail sur soi-même, il s'abandonne à Dieu tout d'une pièce, lui laissant le soin de produire dans son âme les vertus qu'il veut y voir. Sa spiritualité n'est que simplicité, douceur, amour, union, selon ce qu'a dit le divin Maître : « Mon joug est suave et mon fardeau léger » (2).

Celui-là, au contraire, envisage surtout les obstacles que dresse la nature déchue en face de l'action de la grâce : aussi lutte-t-il de tout son pouvoir pour mater, pour anéantir en lui les tendances mauvaises, « l'homme de péché » (3). Ce qu'il a surtout retenu de l'enseignement du Christ, c'est la nécessité de la pénitence, la Croix dressée sur le mont du Calvaire, et surtout cette terrifiante sentence : « Qu'elle est étroite la porte qui conduit à la vie (4) ! » Sa voie,

(1) Rom., VIII, 21.
(2) Matth., XI, 30.
(3) II Thess., II, 3.
(4) Matth., VII, 14.

c'est la souffrance, l'obscurité, la « nuit », la « montée » aride, la mort.

On pourrait presque dire que le service de Dieu est pour l'un la jouissance, pour l'autre la privation ; pour l'un l'amour, pour l'autre la douleur.

D'où viennent ces deux conceptions, si contradictoires à première vue, qui semblent n'avoir ni base, ni conception commune ? Il faut surtout demander la solution de ce problème à la différence des tournures d'esprit, telles qu'elles sont créées par le tempérament d'abord, puis par l'éducation, enfin par toutes les innombrables causes physiques, intellectuelles ou morales qui peuvent orienter les tendances d'un être raisonnable. Esprits larges, esprits étroits ; caractères vigoureux, caractères timides ; âmes héroïques, âmes tendres : on rencontrera toujours dans la nature humaine cette inévitable dualité. Or, répétons-le, la grâce se greffe sur la nature.

A vrai dire, la différence entre ces deux spiritualités est plus apparente que foncière. Elles ne sont que deux faces d'une même vérité, incomplètes l'une sans l'autre. Et si on les étudie de près, on s'aperçoit de bonne heure que la divergence ne provient pas d'une contradiction de principes, mais d'une mise en relief plus ou moins complète de ces principes divers. Si quelques saints paraissent donner plus à Dieu et d'autres davantage à l'homme, dans l'œuvre de la sainteté, ils ne font que le paraître. Au fond, les uns comme les autres savent bien que l'effort humain est absolument indispensable, mais qu'il serait radicalement impuissant sans la grâce de Dieu

« Dans la suite de l'Eglise, fait observer très judicieusement M. Henri Joly, s'offrent à nous comme des lignées de saints qui personnifient, les uns, l'action affectueuse et tendre, les autres l'action énergique et l'esprit de propagande ardente. N'oppose-t-on pas saint François d'Assise à saint Dominique, saint Bonaventure à saint Thomas d'Aquin, saint Vincent de Paul à saint Ignace, comme on oppose Bossuet à Fénelon ; nous pouvons même dire comme on oppose Raphaël à Michel-Ange et Mozart à Beethoven ? La différence est que chez les saints, la diversité se fait beaucoup moins sentir par la lutte et la controverse que par le besoin qu'ils ont les uns des autres et par l'aide mutuelle qu'ils doivent se donner. Si Bossuet et Fénelon eussent été non-seulement de grands évêques et de beaux génies, mais de vrais saints, au lieu d'écrire l'un contre l'autre, ils eussent ressenti un impérieux besoin de se rencontrer seul à seul dans une retraite commune ; et là chacun d'eux eût emprunté à l'autre ce qui lui manquait, comme l'ont fait saint Dominique et saint François d'Assise (1). »

Quelquefois la physionomie particulière d'un saint lui vient d'un besoin spécial de l'époque où il vit. Son rôle sera de rappeler avec un héroïsme particulier telle vertu qu'on oublie. Il est devenu banal de citer saint François d'Assise, symbolisant la pauvreté parfaite à une époque de jouissances matérielles, et saint Ignace de Loyola représentant l'obéissance en un temps de libre-examen.

D'autres prennent leur caractère propre des circonstances mêmes.

Quelle autre époque que cette terrible fin du xiv° siècle aurait pu produire une sainte Catherine de Sienne ? Grégoire XI s'oublie à Avignon au milieu d'une cour presque entièrement française, pendant que l'Eglise périclite et que les villes de l'Italie, Florence, Pérouse, Pise, Lucques, Bologne, Sienne, se déchirent l'une l'autre, déchirées elles-mêmes par des factions irréconciliables. Des avertissements prophétiques ont cependant secoué le Pape dans sa torpeur. L'extraordinaire sainte Brigitte de Suède lui a

____

(1) *Psychologie des Saints*, ch. II, p. 54.

montré les conséquences, pour lui-même et pour
l'Eglise, de son obstination à demeurer loin de son
siège. Grégoire hésite : il veut et ne veut pas. Alors
la vierge de Sienne, déjà acclamée dans toute l'Italie
comme l'ange de la paix, part pour la France, va
trouver le Pape à Avignon, discute avec lui, avec
les cardinaux, dénonce les vices de la cour pontifi-
cale, persuade l'un, vient à bout de la mauvaise
volonté des autres, et ramène elle-même, triom-
phante, le Pontife à Rome.

A Urbain VI qui lui succède, Catherine reproche
sa dureté de caractère, son amour excessif pour sa
famille : elle lui prédit le grand schisme qui va bien-
tôt diviser l'Eglise. Elle lui enjoint d'assainir son
entourage en y déracinant les abus et les indignités.

Elle conseille, dirige les Papes ; elle prend la parole en plein Sacré-Collège, sur les places publi-
ques ; elle arrête les combattants sur le point d'en
venir aux mains. Il semble que cette jeune femme
incarne en elle toute l'Eglise, et cela contrairement
à tout cadre établi, à toute hiérarchie reçue.
Elle constitue l'exception la plus invraisemblable
qu'on puisse imaginer, preuve frappante que le Seigneur, quand il se propose d'accomplir quelque
grande œuvre, choisit ses instruments où il veut et
comme il veut.

D'autres physionomies de saints, et c'est le plus
grand nombre, ne s'expliquent que par le développement harmonique, dans un sens bien déterminé et
supérieur, de leurs facultés. On serait infini si on
voulait entrer dans le détail de ces multiples caractères : qu'il suffise d'en signaler la variété.

*
* *

Ce serait un être exquis que celui qui réunirait
dans sa seule personne ces trois splendeurs : beauté,
génie, sainteté. Un homme a paru sur terre qui a

réalisé ce merveilleux idéal. Mais cet homme était un Dieu.

Or c'est précisément le Christ qui groupe autour de sa personne humaine et divine à la fois les efforts de tous les saints. Il ramène à lui toutes les formes particulières de sainteté. Il est l'idéal unique.

Car il serait difficile, en dehors de la personne et des enseignements de Jésus, de se faire une idée juste de ce que Dieu désire. Le saint, convaincu par une foi ardente du tout de Dieu, déterminé par l'adhésion intégrale de sa volonté, à ne faire que la volonté de Dieu, trouve dans le Verbe de Dieu fait homme, un modèle de sa propre vie. Le Christ assigne dans l'Évangile un but précis aux désirs du saint. Conformer sa volonté à la volonté de Dieu, c'est viser à la perfection dans la plus large mesure. Dieu est la perfection même. Il faut s'efforcer d'atteindre jusqu'à Dieu. Le philosophe antique avait trouvé cette sublime et orgueilleuse formule : *Sequere Deum*. Le Christ la précise et lui donne sa vraie signification : « Soyez parfaits comme votre Père céleste est parfait (1). » Le saint doit donc dépasser toute conception humaine, se faire supérieur à la nature créée, se surnaturaliser en un mot.

Bossuet, commentant la parole de Notre-Seigneur : « Sanctifiez-les en vérité » (2), essaie de pénétrer toute la profondeur de cette sanctification : « Ces paroles sont hautes, dit-il... Non-seulement elles nous élèvent au-dessus des sanctifications et purifications de la Loi, qui n'étaient que des figures et des ombres, au lieu que les chrétiens sont sanctifiés dans la vérité qui est Jésus-Christ ; mais encore elles nous apprennent d'une façon plus particulière quelle est la propre sanctification des chrétiens. Être sanctifié, c'est être séparé. Pour être

(1) Matth., V, 48.
(2) Joan., XVII, 17.

sanctifié dans la vérité, et à fond, à quelle séparation ne faut-il pas être venu de toute créature et d'avec soi-même ? O Dieu ; je suis effrayé quand je le considère. Être sanctifié dans la vérité, en sorte qu'il ne reste en nous que cette vérité qui nous sanctifie, et que tout le faux, tout l'impur soit ôté et déraciné, c'est quelque chose de si pur et de si parfait, qu'on ne peut y atteindre en cette vie. Mais seulement qu'il faille y tendre en vérité, sous les yeux de Dieu, c'est de quoi crucifier l'homme tout entier (1). »

Comment, en effet, saisir l'infini ? Dieu échappe aux efforts de qui veut l'atteindre, comme un but qui s'éloigne à mesure qu'on croit s'en rapprocher. C'est pourquoi Jésus a mis la divinité à notre portée, où pour employer une expression d'une tout autre énergie, Dieu « s'est fait chair » (2). La vie substantielle de Dieu s'est manifestée de si près aux hommes, que saint Jean a pu dire : « Nous avons entendu, nous avons vu de nos yeux, nous avons examiné, nous avons touché de nos mains ce Verbe de vie qui était dès le commencement » (3), Dieu comme le Père et le Saint-Esprit.

Tel est le modèle dont le saint, quel que soit du reste son état psychologique spécial, essaie de reproduire les traits en lui. Il poursuit sans relâche son idéal dans la contemplation et la prière, dans la méditation de l'Évangile. Mais comme le Christ est la perfection absolue, il ne peut l'imiter que partiellement. Aussi s'attache-t-il de préférence à telle vertu, à tel mystère, selon l'attrait de l'heure présente ou selon les intentions de l'Église. S'il lui arrive de déchoir, — car il n'est pas impeccable, — il se relève humblement par la pénitence et par l'amour, et reprend son labeur avec plus de fermeté,

(1) *Médit. sur l'Évangile. La Cène,* 2ᵉ partie. 55ᵉ jour.
(2) Joan., I. 14.
(3) I Joan., I, 1.

les yeux toujours fixés sur Celui qu'il voudrait atteindre.

La recherche de la perfection par l'imitation de Jésus-Christ est un caractère essentiel de la sainteté, au même titre que le désir de faire en toute chose la volonté de Dieu, parce qu'il en est la conséquence logique et nécessaire

.·.

Au fond, toutes les dispositions qui constituent la sainteté se résument en une seule : la charité. « Dieu est amour, dit saint Jean, et celui qui demeure dans l'amour, demeure en Dieu et Dieu en lui (1). » Quiconque se tient dans la disposition de plaire à Dieu en toute chose, vit essentiellement d'amour. C'est ce mobile qui lui fait rechercher dans toutes ses pensées et dans tous ses actes, la perfection, parce que l'amour est un « besoin d'unité » (2).

Mais comment constater l'amour de Dieu dans une âme ? Ni les exorations prolongées, ni les élans de la sensibilité, ni les larmes répandues ne garantissent infailliblement la présence de l'amour : il faut une autre marque. « Si quelqu'un, dit saint Jean, prétend aimer Dieu en haïssant son frère, il est un menteur. » Et, la raison qu'il en donne est frappante : « Celui qui n'aime point son frère qu'il voit, comment peut-il aimer Dieu qu'il ne voit pas ? Nous avons reçu de Dieu le commandement que celui qui aime Dieu aime aussi son frère (3). »

L'amour du prochain manifesté par des œuvres : tel est assurément pour les hommes le meilleur critérium de la perfection. Tous les saints furent, en quelque manière, des bienfaiteurs de l'humanité.

(1) I Joan., IV, 16.
(2) *Appetitus unitatis*. S. Th., 1. 2. q. XXXVI, art. 3.
(3) I Joan., IV, 20, 21.

Aucune tare, physique ou morale, n'a pu échapper à leur zèle. Protection de l'enfance, enseignement sous toutes ses formes, culture intellectuelle et morale, agriculture, industrie, soin des malades, des vieillards, des orphelins, des déclassés, assistance des pauvres, ouvroirs, monts-de-piété, banques populaires : ils ont tout prévu, tout fondé. La plupart de nos institutions philanthropiques ont été organisées par des saints, et nous ne faisons que continuer leur œuvre, souvent avec moins d'extension et moins de succès qu'eux.

Personne n'oserait contester les bienfaits des saints, au moins dans le passé. Mais beaucoup se méprennent sur la cause qui les a produits, même parmi les apologistes timides de la sainteté. Il semblerait qu'elle ne soit bonne que par les résultats extérieurs qu'elle a obtenus. C'est une erreur profonde. Les œuvres des saints ne sont que des résultantes d'un principe : la charité, qui s'adresse primordialement à Dieu, et n'atteint l'homme que par ricochet. Dans la doctrine évangélique, l'amour de Dieu et l'amour du prochain sont étroitement unis. Supprimer l'un, c'est supprimer l'autre, et par conséquent ces merveilles de charité que nous admirons si fort. Les œuvres charitables ne sont pas la sainteté : elles n'en sont que l'expansion.

Quelques saints n'ont eu d'autre action sociale que celle, très effacée, de l'exemple que leur réclusion volontaire donnait au monde. Pourtant ils sont des saints. Ils possédaient l'amour.

Cet amour de Dieu, poussé à l'extrême passion, explique le martyre. Cependant le martyre lui-même, si sublime qu'il soit, n'est pas la sainteté. Pour qu'il en soit une marque certaine, il faut qu'il soit réel, supporté pour la cause de la religion, et accepté volontairement(1). L'exaltation passagère, le fanatisme

____

(1) Benoît XIV. *De servor. Dei beatif. et canoniz.*, l. III, c. XI, sq.

religieux, l'entraînement de l'illuminisme ne sauraient faire un martyr : l'amour n'est pas là.

On peut donc l'affirmer : au-dessus des formes personnelles, au-dessus des particularités de détail, au-dessus des manifestations de la vie, se dresse, de toute la hauteur de la divinité qui l'a promulguée, la loi intangible de la charité. La sainteté, c'est l'amour.

II. — L'accessoire.

Voie ordinaire et voie extraordinaire. — Les grâces gratuites
donnent-elles la mesure de la sainteté ? — La part de l'homme
et la part de Dieu. — Les grâces de Dieu ne sont pas Dieu. —
Le miracle dans la vie des Saints. · Hiérarchie des miracles.
— L'état d'âme du thaumaturge.

Il est toute une catégorie de phénomènes que
l'histoire des saints présente d'ordinaire : visions,
extases, prophéties, miracles, et qui n'ont pas été
classés, à dessein, dans l'essentiel de la sainteté. On
pourrait croire pourtant à leur nécessité dans
l'histoire des saints, au moins dans une certaine
mesure. Il n'est presque pas de vie de saint, en effet,
dans laquelle on ne les trouve relatés.

Les phénomènes surnaturels, peut-on répondre,
accompagnent souvent la sainteté : ils n'en sont pas
une condition *sine qua non*.

Il ne s'agit point ici, on le comprendra sans peine,
de convaincre de la réalité du surnaturel ceux qui
le relèguent au rang des fables. Ceux-là ne liront
sans doute pas ces pages. Les sciences psychiques
étudient et produisent couramment des cas analogues à ceux du surnaturel mystique. La négation
n'a rien à faire ici : il faut constater, comparer et
discuter. La transcendance de la vérité ne peut que
ressortir très clairement du choc des opinions, dans
ce cas particulier comme dans les autres.

Ce qu'il faut regretter, c'est la tendance à
déguiser le côté mystique dans les biographies des
saints. On y mettra en relief, souvent de façon très
originale, l'action politique, sociale, littéraire,
artistique, du personnage qu'on étudie : on n'ou-
bliera qu'une chose en lui, le saint. Il faut admettre

pourtant qu'à côté de l'action de l'homme, il y **a** l'action de Dieu.

Avant d'aller plus loin, il importe de rappeler certaines notions capitales de la vie spirituelle, nécessaires à l'intelligence des phénomènes mystiques.

Les auteurs distinguent trois étapes de l'ascension de l'âme chrétienne vers Dieu, à l'ensemble desquelles ils donnent le nom d'*ascèse* (ἀσκεῖν, s'exercer, combattre). Dans la première, l'âme lutte contre les habitudes du péché, contre les tentations violentes, dont le foyer brûle dans les sens. La crainte de Dieu domine les autres sentiments dans cet état, appelé voie purgative, ou des purifications.

Plus haut, l'âme entre dans la vie illuminative. Dégagée plus pleinement de la magie des sens et moins occupée à les combattre, elle s'exerce à la pratique assidue des vertus, à la méditation des vérités éternelles et à l'imitation du divin modèle, Jésus-Christ. A ce moment, la foi et l'espérance, l'espérance surtout, projettent leur rayonnement en elle et l'éclairent sur son but et sur le chemin qui y conduit.

Enfin, lorsque la vertu de charité devient prédominante, l'union se fait entre Dieu et l'âme, qui n'a plus alors qu'un mobile : plaire à son Bien-Aimé, chercher Dieu seul. C'est alors le repos et la possession, la jouissance de Dieu, la vie parfaite, unitive.

Telle est la marche ordinaire. Mais toutes les fois qu'il s'agit d'opérations surnaturelles, il faut poser en principe la souveraine liberté de Dieu. Il arrive quelquefois que, grâce à sa pure bonté, une âme, saisie par Dieu dans l'abjection même, est portée rapidement par lui jusqu'aux sommets de la vie parfaite. D'autres fois, une âme élevée à l'union peut ressentir encore les faiblesses des moins parfaits et même des commençants. Il n'y a donc rien d'absolu dans ces délimitations : elles représentent la marche ordinaire des âmes dans la vertu (1).

Lorsqu'une âme arrive à la troisième étape, alors, si l'on peut ainsi parler, le chemin se bifurque. Dans l'une des deux voies, la voie ordinaire, l'âme, plus active que passive, marche vers Dieu ; dans l'autre, l'âme est plus passive qu'active : c'est Dieu qui marche vers elle. Dans la première, elle se purifie par le labeur de la pénitence, s'élève graduellement par la pratique méritoire des vertus. Dans la seconde, c'est le Seigneur lui-même qui, poussé par un dessein de miséricorde et d'amour, semble se charger de cette tâche et déposer dans l'âme, sans aucun effort de sa part, les vertus et les grâces. C'est la voie extraordinaire. Cette voie extraordinaire constitue à proprement parler la *mystique,* et son étude s'appelle théologie mystique.

Tous les phénomènes que la mystique étudie, intellectuels, affectifs, corporels, « se groupent... autour de la contemplation comme des parties préliminaires, essentielles, concomitantes ou subséquentes d'un acte principal » (2), et les degrés de l'oraison contemplative infuse peuvent se ramener aux sept suivants, proposés par M. le chanoine Ribet comme une classification définitive : 1° le recueillement ; 2° la quiétude ; 3° les transports ; 4° l'union simple ; 5° l'extase ; 6° le ravissement ; 7° la vision béatifique (3).

Il ne faudrait pas conclure à l'absence d'action de Dieu dans la voie ordinaire et à l'inutilité de l'homme dans la voie extraordinaire. « Sans moi vous ne pouvez rien faire » (4), dit le Seigneur.

---

(1) V. sur ce sujet, M. J. Ribet, *La mystique divine distinguée des contrefaçons diaboliques et des analogies humaines.* N°lle édit., 1895, t. 1. Introd., page 16 et suiv.

(2) Ribet, *op cit.,* I° p. Préamb.

(3) *Ibid.,* t. I, I° p., ch. X, p. 179.

(4) Joan., XV, 5.

L'homme ne saurait de lui-même acquérir le plus infime degré de grâce. En ce sens, c'est Dieu qui fait tout en nous, « le vouloir et l'accomplir » (1). Cependant l'influence divine n'opère pas en général irrésistiblement. Nous vivons tellement immergés dans le surnaturel, que nous pouvons appeler modes *ordinaires* ceux par lesquels s'accomplit d'habitude la sanctification de l'homme.

Ce qui caractérise l'action extra-normale de la grâce, c'est qu'elle saisit irrésistiblement, qu'elle porte, qu'elle pousse, en dehors de toute coopération personnelle. L'âme, en lutte jusque-là avec la tourbe de ses misères, sans cesse entravée dans ses élans, se sent tout-à-coup, et avec un caractère de certitude dont il lui est impossible de douter, élevée au-dessus d'elle-même. Tout lui devient facile, prière et action. Au lieu de la tristesse, résultat de ses combats antérieurs, elle ne ressent plus que joie délicieuse, à quoi nulle joie terrestre ne se saurait comparer. Ou bien, si les souffrances font elles-mêmes partie des dons infus de Dieu, elles ressemblent si peu aux souffrances que cause la nature, qu'il est impossible de confondre l'un avec l'autre deux ordres de choses si dissemblables.

On lit à ce sujet un fait bien significatif dans la vie de la vénérable Marie d'Oignies, à qui Dieu avait départi dans une mesure extraordinaire le don des larmes. Un jeudi saint, elle sanglotait si fort dans l'Église, qu'un prêtre ne put s'empêcher de la reprendre avec douceur de ce manque de mesure. La sainte recluse se retira discrètement, mais demanda au Seigneur de faire comprendre à ce prêtre qu'on n'est pas libre d'arrêter à son gré les larmes que l'Esprit-Saint fait jaillir.

Ce jour-là même, en célébrant la messe, le prêtre sentit monter à ses yeux un tel flot de larmes, qu'il

_____

(1) Philip., II, 13.

lui devint impossible d'en arrêter l'effusion. Plus il
faisait d'efforts et plus il suffoquait de sanglots :
autour de lui, le missel et les linges de l'autel ruis-
selaient. Il comprit alors pourquoi la vénérable
n'avait pu se retenir tout à l'heure. Longtemps
après la messe, elle rentra dans l'église : « A présent,
dit-elle au prêtre, vous savez par expérience que
l'homme ne peut pas arrêter l'impétuosité de l'Esprit
quand il souffle sur lui. »

Il en est ainsi de tous les faits mystiques en général. Si, dans certains cas, leur apparition peut soulever une explication physiologique ou psychologique, il arrive un moment où il faut bien avouer
qu'ils passent les forces de la nature.

Un mot résumerait assez bien cet état surnaturel :
Dieu se substitue à l'homme.

Il ne faut pas exagérer. Dieu ne se substitue
jamais si totalement à l'homme que le libre-arbitre
de celui-ci se trouve supprimé. La liberté humaine,
dont le Seigneur est toujours si respectueux,
demeure entière. Tant que l'âme reste sous la douce
et puissante influence des grâces spéciales, le péché
lui devient évidemment plus difficile ; cependant,
elle conserve intacte sa triste faculté d'abandonner
Dieu.

⁂

C'est dire que les faveurs surnaturelles ne sont
pas essentiellement l'apanage des âmes saintes. Le
plus souvent, il est vrai, c'est à elles qu'elles
s'adressent ; mais il n'en est pas toujours de la sorte.
Souvent il arrive que le Seigneur les accorde à des
âmes encore faibles, afin de les attirer ainsi à la
pratique des vertus ; pour les laisser dans la suite à
leurs propres forces, lorsque, grâce à ces suaves
avances, elles auront acquis une suffisante stabilité
dans son service. Dans ce cas, il serait faux d'arguer

de ces prévenances divines en faveur du degré de perfection de l'âme.

A vrai dire, s'il est impossible d'établir une hiérarchie de supériorité entre la double voie, ordinaire et extraordinaire, on peut affirmer cependant que la voie commune demande plus de renoncement, de travail, de peine. Du reste, la pratique sérieuse des vertus est le seul critérium valable. Un saint, c'est celui qui a pratiqué les vertus à un degré héroïque ; ce n'est pas celui qui a eu des extases ou des révélations.

Une conclusion qu'on aura déjà tirée de ce qui précède, c'est que les faveurs surnaturelles, envisagées dans leur généralité, ne correspondent pas toujours et infailliblement au degré supérieur de la vie surnaturelle à laquelle les auteurs ont donné le nom de vie unitive. De même que ces trois degrés se compénètrent au point de rendre difficile le classement d'une âme dans telle ou telle catégorie, de même les faveurs surnaturelles peuvent être, et sont, de fait, au moins dans leurs degrés les plus humbles, échelonnées à travers les trois étapes de l'ascèse. Les lois, en pareille matière, n'ont rien d'absolu : Dieu ne s'est point construit de casiers d'âmes, à travers lesquels il soit nécessaire de les faire passer successivement. Quand il le veut, il élève très haut en peu de temps.

Ces grâces prennent donc leur origine de l'unique volonté miséricordieuse du Seigneur. En vain l'homme se livrerait-il aux efforts les plus continus et les plus violents, si Dieu n'a pas décidé de l'appeler aux faveurs surnaturelles, c'est en vain qu'il s'agitera.

Si l'on compare la contemplation commune ou acquise à l'acte d'un homme qui marche, court ou saute, ou encore qui puise de l'eau à un puits, la contemplation surnaturelle ou infuse s'assimilera au vol de l'oiseau ou à la chute de la pluie. Comment l'homme pourrait-il voler, si Dieu ne lui donne des ailes, ou faire descendre l'eau du ciel, si Dieu ne la fait pas tomber (1) ?

En cela les faveurs surnaturelles se distinguent nettement de la grâce sanctifiante.

Il y a deux espèces de grâces : l'une par laquelle l'homme lui-même est uni à Dieu : on l'appelle grâce qui rend agréable à Dieu *(gratia gratum faciens)*; l'autre, par laquelle il coopère à ramener d'autres âmes à Dieu : on l'appelle grâce gratuitement donnée *(gratia gratis data)*. Comme cette dernière n'est pas donnée dans le but de la justification de l'homme, mais plutôt dans un but de coopération à la justification des autres, pour ce motif, elle n'est pas appelée : rendant agréable à Dieu *(gratum faciens)* (2).

La première de ces grâces, qui mérite expressément le nom de grâce sanctifiante, l'emporte de beaucoup en excellence sur la seconde ; et la principale raison en est qu'elle met l'homme en contact direct avec sa fin suprême (3).

Les grâces gratuites, au contraire, sont surtout accordées en vue de l'utilité du prochain : ceux qui en sont l'objet n'en profitent que par contre-coup pour leur propre sainteté.

Parfois même ils n'en profitent pas du tout. Balaam, dans l'Ancien Testament, reçut le don de prophétie en une circonstance, bien qu'il ne fût, au fond, qu'un charlatan de religion ; parce que le Seigneur se proposait, par lui, de glorifier Israël et d'annoncer le Messie, l'Étoile de Jacob (4). Au moment de la Passion de Jésus-Christ, Caïphe, le grand prêtre de cette année-là, prophétisa sans s'en

(1) V. Ribet, *op. cit.*, I^e p., ch. 5, p. 109
(2) S. Th., I. 2. q. CXI, art. 1.
(3) S. Th., I. 2. q. CXI, art. 5
(4) Num., XXII-XXIV.

douter en prononçant cette mystérieuse parole : « Il convient qu'un homme meure pour tout le peuple, afin que la nation entière ne périsse pas (1). » Lorsque les Apôtres du Christ reçurent la mission de s'en aller deux par deux prêcher l'Evangile et baptiser au nom du Seigneur, ils reçurent tous le don des miracles, même Judas l'Iscariote, qui le trahit et mourut désespéré (2).

Parallèlement à ces dons, certainement surnaturels, accordés à des indignes, l'histoire religieuse présente des prodiges d'ordre diabolique, difficiles parfois à discerner des vrais miracles. Les hérésies, depuis le gnosticisme jusqu'au jansénisme et à l'occultisme contemporain, en regorgent. On raconte dans la vie de sainte Thérèse que, lorsqu'elle commença à marcher dans la voie extraordinaire, elle était terrifiée par la pensée d'une malheureuse clarisse de Cordoue, Madeleine de la Croix, manifestement vouée au démon par un pacte, et dont les vertus apparentes, les prophéties et les prodiges édifiaient l'Espagne entière.

Cependant, parmi les grâces gratuites, il en est de si particulièrement élevées, que l'on concevrait difficilement qu'une âme aux prises avec le péché en fût l'objet : elles donnent comme un avant-goût de la vision béatifique. Celles-là sont bien l'apanage des seuls saints.

La présence ou l'absence des grâces gratuites dans les saints peut servir à établir entre eux une double catégorie : ceux qui se sont sanctifiés par la pratique courante, mais héroïque des vertus, et ceux qui se sont sanctifiés au milieu des faveurs extraordinaires. Mais, même parmi les saints dont la vie n'offre ni ravissements ni visions, il en est peu dans lesquels on ne puisse constater des grâces de

(1) Joan., XI, 50.
(2) Marc., VI, 7 et seq.

contemplation infuse, au moins dans ses premiers degrés, le recueillement et la quiétude.

Quoi qu'il en soit, l'attitude des saints a été d'ordinaire fort réservée en présence des faveurs mystiques ; et pour quelques-uns qui les ont désirées et demandées, il en est d'autres, en plus grand nombre, qui ne les ont acceptées qu'avec réserve et défiance, ou même ont supplié Dieu de les leur retirer.

Il est d'autant plus dangereux de souhaiter des exceptions de ce genre, surtout celles qui, débordant le domaine intime de la conscience, peuvent être aperçues du dehors, que l'imagination y trouve le champ libre pour se lancer dans les pires illusions. A côté de l'histoire de la vraie sainteté dans l'Eglise, on pourrait écrire l'histoire des saintetés de mauvais aloi, de celles qui cachent l'illusion, la folie, le crime même.

Tous les fous mystiques ne remplissent pas les asiles d'aliénés, et les « carabins » de la Salpêtrière ne sont pas les seuls à produire l'extase. « Les philosophes mesmes, dit saint François de Sales, ont reconneu certaines especes d'extases naturelles faites par la vehemente application de l'esprit à la consideration des choses plus relevees (1). » Les visions, les extases, les vols à travers l'air, les pénitences surhumaines, les sueurs de sang, les stigmates, tout cela a été contrefait, parfois avec une merveilleuse adresse, tantôt par la maladie, tantôt par le prestige satanique. « Il ne se faut pas estonner, ajoute encore le même docteur, si le malin esprit, pour faire le singe, tromper les âmes, scandaliser les foibles et se transformer en esprit de lumière (2), opère des ravissemens en quelques

____

(1) *Traité de l'amour de Dieu*, liv. VII, chap. 6. Edit. Mackey, t. V, p. 26.

(2) II Cor., XI 14.

âmes peu solidement instruites en la vraye pieté (1).»

Le démon n'y fût-il pour rien, les imaginations détraquées se chargeraient de le suppléer.

.

Il est cependant des cas où la confusion n'est guère possible ; dans d'autres, au contraire, les mystiques eux-mêmes ont indiqué la mesure dans laquelle le surnaturel s'allie à la nature. Prenons comme exemple ce que les auteurs appellent les *paroles surnaturelles*.

Voici ce qu'enseigne à leur sujet sainte Thérèse :

Tout d'abord, elle fait remarquer qu'il est bien difficile de confondre les paroles que l'entendement formule lui-même en réponse à quelque préoccupation, et les paroles qui viennent véritablement de Dieu. Ces dernières présentent un caractère de certitude à quoi il est impossible de se méprendre. « Si c'est chose que l'entendement forme, quelque subtilité qu'il y mette, il comprend que lui-même l'arrange en quelque façon et le profère... L'entendement verra qu'alors il n'écoute pas, mais qu'il agit, et que les paroles qu'il forme sont comme une chose sourde, œuvre de l'imagination, et n'ont pas la même clarté que les autres. » En outre, « une autre preuve, plus évidente que toute autre, qu'il (l'entendement) n'opère pas, c'est que les paroles que profère le Seigneur, sont paroles et œuvres à la fois (2). »

Il semble qu'après ces affirmations si nettes, il soit inutile de chercher dans les paroles surnaturelles aucune collaboration humaine. Et cependant il y a des degrés.

(1) *Traité de l'amour de Dieu*. Ibid.

(2) *Libro de su vida*, c. XXV, d' la *Biblioteca de autores espanoles*, t. LIII. *Escritos de santa Teresa*, t. I, p. 77.

Saint Jean de la Croix est formel : il distingue trois sortes de paroles surnaturelles, les paroles successives, les paroles formelles, les paroles substantielles. Ce n'est pas ici le lieu d'entrer dans le détail de chacune d'elles ; il suffira de transcrire ce que le saint auteur dit des premières :

« Ces paroles successives ne se produisent que lorsque l'esprit, recueilli et absorbé en quelque considération, discourt très attentivement d'un sujet à un autre sur cette même matière sur laquelle il réfléchit, et forme des mots et des raisonnements qui vont droit au but avec beaucoup de facilité et de suite. Il raisonne et découvre des choses ignorées de lui, au sujet de quoi il lui semble que ce n'est pas lui qui agit, mais une autre personne qui intérieurement, raisonne, répond et enseigne. Et à la vérité il y a un motif sérieux pour le penser, parce que le même esprit se discourt en soi-même et se répond comme si une personne parlait à une autre. D'une certaine manière il en est ainsi. En effet, bien que ce soit le même entendement qui opère, cependant l'Esprit-Saint l'aide souvent à produire et à former ces concepts, mots et raisonnements vrais... L'entendement ouvre la porte, et l'Esprit-Saint enseignant lui donne la lumière (1). »

Ou nous nous faisons illusion, ou saint Jean de la Croix veut dire, dans ce passage assez peu net, que ces paroles sont à la fois divines et humaines, naturelles et surnaturelles. Le naturel, c'est « l'opération de l'entendement » ; le surnaturel, c'est la « lumière ». Mais on comprend combien des paroles de ce genre — les moins élevées dans la hiérarchie, il est vrai — peuvent prêter à l'illusion. Il en est ainsi d'un certain nombre d'autres faveurs surnaturelles, qui, dans leurs degrés inférieurs, s'allient

_____

(1) *Subida del monte Carmelo*, lib. II, c. 29. *Bibl. de aut. esp.*, t. XXVII, p. 60.

si intimement aux efforts de l'intelligence, de l'imagination même, que la délimitation devient fort délicate. Nous hasarderions volontiers, pour cette catégorie d'opérations surnaturelles, le terme d'auto-suggestion — auto-suggestion légitime d'ailleurs — à laquelle s'ajoute une grâce spéciale d'illumination ou de dévotion. Car, qu'on s'en souvienne, nous ne sommes plus ici dans le domaine de l'imagination, mais du surnaturel vrai.

Même si nous montons plus haut, dans la région des faveurs absolument et infailliblement surnaturelles, ne faut-il pas, là aussi, faire une part à la nature ? Non pas qu'on soit à même de constater le mélange dont nous venons de parler ; mais la nature imprime encore sa couleur à la grâce. Dieu n'est pas forcé de contredire les facultés de l'homme dans le même temps qu'il lui départ ses dons. Son action reste entièrement indépendante de la nature par son essence ; elle lui est subordonnée en fait dans ses modalités. La raison même réclame qu'il en soit ainsi. Il n'y a rien à modifier dans cette formule, empruntée à M. Ribot et isolée de son contexte : « L'extase, lorsqu'elle élève, chez chaque individu, l'intelligence à sa plus haute puissance, ne peut la transformer. Elle ne peut agir sur un esprit borné et ignorant comme sur un esprit très cultivé et de haute volée (1). »

Le savant auteur, qui excelle à démonter les mécanismes psychologiques, résume ainsi son étude sur l'extase, d'après le « Château de l'âme » de sainte Thérèse :

« Dans l'extase ordinaire, la conscience atteint son maximum de rétrécissement, mais elle conserve encore la forme discursive, elle ne diffère d'une attention très forte qu'en degré. Seuls les grands mystiques, d'un élan très vigoureux, sont arrivés au

____

(1) *Psychologie de l'attention*, ch. III, 4ᵉ édit., p. 142.

monoïdéisme absolu. Tous, dans tous les pays, dans tous les temps, sans se connaître, ont considéré l'unité parfaite de la conscience, l'Ἕνωσις, comme la consommation suprême de l'extase, rarement atteinte... (1). »

Le « mécanisme » est fort ingénieusement expliqué : il suffirait d'y ajouter la « cause », qui le produit pour avoir une notion exacte de la psychologie de l'extase divine.

Il ne faut pas s'étonner, encore moins se scandaliser, de retrouver ainsi la nature sous la grâce. Si l'intervention de Dieu devait, pour se produire, aller à l'encontre de toutes les lois qu'il a lui-même posées, il faudrait définir le miracle : une monstruosité.

Dieu s'adapte d'ordinaire aux conditions créées par lui. Ses dons se marquent du cachet personnel de ceux à qui ils s'appliquent. Plus le saint s'abandonne aux mains du Souverain Maître, plus les grâces ont chance de s'épanouir dans son âme. C'est pourquoi dans la galerie des saints, les plus merveilleusement doués sont peut-être les plus simples. Saint Joseph de Copertino, ce fruste paysan napolitain, ce *minus habens* qui n'arriva au sacerdoce que grâce à des examens miraculeusement éludés, ce pauvre hère qui se donnait le sobriquet de frère Ane, est peut-être le plus étonnant des mystiques chrétiens. Il passa une grande partie de sa vie en l'air, emporté par le ravissement. Mais aussi, quelle exquise simplicité ! quel oubli de soi !

« La science, dit saint Thomas d'Aquin, et tout ce qui a trait à la grandeur (de l'homme), est une occasion pour lui de se confier en soi-même et par conséquent de ne pas se livrer totalement à Dieu... Mais si l'homme soumet parfaitement à Dieu la science et toute autre perfection, alors sa dévo-

(1) Id., Ibid., p. 149.

tion s'en accroît (1). » N'est-il pas lui-même la meilleure preuve que la science alliée à la sainteté constitue la plus surhumaine des grandeurs ?

.˙.

Si excellents que soient les dons de Dieu, ils ne sauraient être un but pour le saint. Ce qu'il veut, c'est Dieu même.

« Ainsy plusieurs s'approchent de Nostre Seigneur : les uns pour l'ouïr, comme Magdeleine ; les autres pour estre gueris, comme l'hemorrhoïsse ; les autres pour l'adorer, comme les Mages ; les autres pour le servir, comme Marthe ; les autres pour vaincre leur incrédulité, comme saint Thomas ; les autres pour le parfumer, comme Magdeleine, Joseph, Nicodeme ; mais sa divine Sulamite le cherche pour le treuver, et l'ayant treuvé ne veut autre chose que de le tenir bien serré, et le tenant, ne jamais le quitter : *Je le tiens*, dit-elle (2), *et ne l'abandonneray point*. Jacob, dit saint Bernard (3), tenant Dieu bien serré, le veut bien quitter, pourveu qu'il reçoive sa benediction (4) ; mais la Sulamite ne le quittera point quelle benediction qu'il luy donne, car elle ne veut pas les benedictions de Dieu, elle veut le Dieu des benedictions, disant avec David (5) : *Qu'y a-il au ciel pour moy, et que veux-je sur la terre sinon vous ? Vous estes le Dieu de mon cœur et mon partage a toute eternité* (6). »

Ainsi donc, ce ne sont pas les dons de Dieu qu'il

---

(1) S. Th., 2. 2. q. LXXXII, art. 3, ad 2.

(2) Cant., III, 4.

(3) Hom. LXXIX in Cant., § 4.

(4) Gen., XXXII, 26.

(5) Ps. LXXII, 25.

(6) S. Fr. de Sales. *Traité de l'amour de Dieu*, liv. VII, ch. 3. t V, p. 15, 16.

faut rechercher, car les dons de Dieu sont des dons créés, des « créatures » auxquelles l'âme sainte ne doit pas s'arrêter.

Saint Paul a formulé sur ce sujet la doctrine définitive. Lorsque la question de la hiérarchie des grâces gratuites ou *charismata*, fréquentes aux origines de l'Église, menaça de porter le trouble dans la chrétienté de Corinthe, l'apôtre, après avoir placé chacun de ses charismes à sa place respective, annonce qu'il va exposer aux fidèles « une voie plus excellente ». Puis il commence cet admirable éloge de la charité, qu'on ne se lasse pas de relire :

« Quand je parlerais les langues des hommes et des anges ; si je n'ai pas la charité, je suis comme un airain qui vibre et comme une cymbale qui crépite. Quand j'aurais le don de prophétie, la pénétration de tous les mystères, la science intégrale ; quand j'aurais toute la foi capable de transporter des montagnes, si je n'ai pas la charité, je ne suis rien. Et quand j'aurais distribué tous mes biens pour nourrir les pauvres, quand j'aurais livré mon corps jusqu'à brûler, si je n'ai pas la charité, cela ne me sert de rien.

« La charité est patiente, elle est douce ; la charité n'a point d'envie, point de précipitation, elle ne s'enfle point. Elle n'est pas ambitieuse, ne cherche pas ses intérêts, ne pense pas mal ; elle ne se réjouit pas de l'iniquité, mais se réjouit de la vérité ; elle souffre tout, elle croit tout, espère tout, supporte tout.

« La charité ne finit point : les prophéties, elles, s'anéantiront, les langues cesseront, la science sera détruite. Car nous ne connaissons que partiellement et ne prophétisons que partiellement. Mais lorsqu'arrivera l'état parfait, tout ce qui est partiel sera aboli. Quand j'étais enfant, je parlais en enfant, je jugeais en enfant, je raisonnais en enfant : lorsque je suis devenu homme, j'ai chassé ce qui tenait de l'enfant

(De même) à présent, nous voyons dans un miroir, à travers des obscurités ; alors ce sera face à face. Maintenant je connais en partie ; alors je connaîtrai comme je suis connu. Maintenant demeurent la foi, l'espérance, la charité, ces trois réalités : mais la charité est bien la plus grande de toutes (1). »

*
* *

Presque toujours les vies des saints, surtout lorsqu'elles ont été écrites à une époque assez reculée de nous, ne sont qu'une suite de miracles. Ce qui intéressait nos pères dans les histoires de ce genre, c'étaient les œuvres merveilleuses qu'on y racontait. Le grand nombre des prodiges du saint était le plus sûr garant de sa puissance d'intercession auprès de Dieu.

Ce sentiment était louable ; malheureusement les hagiographes ne surent pas toujours résister au désir de grossir les miracles de leur héros. N'était-ce pas faire honneur au patron de la ville, du monastère, que de donner ainsi une haute idée de son pouvoir ? On ajouta sans scrupule aux miracles authentiques des prodiges plus ou moins douteux. Cette pieuse supercherie répondait trop aux désirs de tous pour qu'on discutât la provenance de ces merveilles, et petit à petit la tradition s'en établissait. C'est l'œuvre de la critique contemporaine de discerner respectueusement les faits controuvés des faits réels : œuvre délicate au premier chef.

La moisson de miracles qui reste debout après ce sévère triage est encore trop considérable pour qu'on ne voie pas dans le miracle un élément important de la sainteté. Cependant, ici, comme pour les grâces gratuites, il faut se garder de confondre l'accessoire, si important soit-il, avec l'essentiel. Le mi-

(1) I Cor., XIII.

racle ne fait pas nécessairement partie de la sainteté. « L'action sainte, dit saint Jean Chrysostome,
même sans miracles, introduit dans le ciel ceux par
qui elle a été accomplie ; quant au miracle et au prodige sans la sainteté de la vie, ils ne peuvent con-
duire à ces parvis (1). »

Cependant l'Église, au moins dans la pratique
actuelle, exige la constatation sérieuse d'un certain
nombre de miracles avant de procéder à la recon-
naissance officielle de la sainteté des personnages
qu'elle veut présenter au culte des fidèles. La raison
en est simple. Il serait difficile de démontrer la
persévérance jusqu'à la mort dans la pratique
héroïque des vertus, tant est grande en l'homme la
puissance de dissimulation. ou d'illusion. Aussi,
pour éviter jusqu'à l'apparence du soupçon, un zèle
plus sévère doit attendre encore que le Ciel lui-même
se soit déclaré par des prodiges sensibles en faveur
de ceux que les hommes doivent honorer.

Le miracle se définit dans son sens le plus
général : une dérogation aux lois de la nature (2).
Mais ces lois elles-mêmes, comment les constater
avec tant de certitude, qu'on puisse affirmer que tel
fait leur échappe ? Tant de forces, d'abord ignorées,
se laissent pénétrer par la science ! N'est-il pas
plus qu'imprudent de crier aujourd'hui : au miracle !
en présence d'un phénomène que la science expli-
quera demain ?

A cette préoccupation il est aisé de répondre en
faisant observer qu'on peut, sans présomption,
prononcer le nom de lois nécessaires de la nature
en présence de faits qui se reproduisent avec cons-

______

(1) *Actio quidem bona etiam sine signis eos a quibus peracta
fuerit introducit in cœlum. Miraculum autem et signum absque
conversatione deducere ad vestibula illa non possunt.* Cité p.
Benoît XIV. *De servor. Dei beatific. et beatorum canoniz.* lib.
III, p. I, cap. V, 2.

(2) *Miraculum proprie dicitur, cum aliquid fit præter
ordinem naturæ.* S. Th., I, q. CX, art. 4.

tance et régularité. Il est vrai qu'une grande partie de ces lois nous échappe, parce que nos investigations s'arrêtent fréquemment à la superficie des objets et des faits, et ne s'étendent jamais au delà d'un horizon restreint qui n'est peut-être qu'un point comparé à l'universalité de la nature. Mais cette ignorance même n'enlève rien de leur certitude aux lois qui paraissent à portée de notre raison et de nos sens. Notre flambeau n'éclaire qu'un étroit espace, mais il l'éclaire.

Il serait absurde de douter en cette matière des lois constatées journellement par le sens commun, sous prétexte que les autres nous sont encore cachées. Les hommes de toutes les époques ont observé comme nous les mêmes effets produits par les mêmes causes, les mêmes circonstances amenant les mêmes modifications. De ces constatations faciles naît invinciblement dans toutes les intelligences la notion de loi, notion que l'on ne peut infirmer sans ébranler les bases mêmes de toute certitude, sans contester à la raison ses droits les plus imprescriptibles. Parmi les phénomènes naturels observables, il faudra toujours distinguer ceux qui présentent un identique enchaînement et ceux qui semblent en opposition avec toutes les expériences.

Ces derniers faits qu'on appelle merveilleux à cause de l'admiration qu'ils inspirent, sont en quelque sorte le langage extraordinaire de la Providence.

Discuter ici la possibilité du miracle serait sortir du sujet de cette étude. Bornons-nous à transcrire cette remarque de Benoît XIV, pleine de doctrine dans sa brièveté :

« Bien que nous sachions que, lorsque quelque chose de nouveau se produit dans le monde, Dieu ne connaît pas alors pour la première fois une chose qui lui était d'abord cachée, et ne porte pas à son sujet un décret nouveau ; — bien que nous admettions en outre que la connexion des causes secondes et leur subordination, ainsi que la disposition respective de l'univers sont tellement liées entre elles et constantes, qu'elles sont dirigées par un seul Être souverainement libre à qui tout est connu ; — pourtant nous ne pouvons pas inférer de là l'exclusion d'un miracle quelconque, et beaucoup moins pouvons-nous dire que, s'il se produisait, Dieu, qui est immuable, changerait. En effet les miracles et les prodiges sont l'œuvre de la libre volonté de Dieu, non de cette volonté qui dirige les lois générales et accoutumées de la nature, mais d'une volonté particulière, qui s'est réservé, selon sa liberté, certaines interventions inaccoutumées, et qui, lorsqu'elle s'éloigne des lois habituelles et qu'elle s'est fixées à elle-même pour le gouvernement des choses, se conforme librement, alors surtout, à ces décrets de sa volonté particulière, fixés et ratifiés de toute éternité... Pour élucider cette doctrine par un exemple, — ajoute-t-il plus bas, — au moment où un prince établit quelque loi, il établit en même temps que, dans telles circonstances, il a l'intention d'en briser le lien ; et lorsqu'il agit de la sorte, il n'est personne qui le puisse taxer d'inconstance ou de changement (1). »

*
* *

La raison la plus vulgaire pour laquelle le miracle seul ne caractérise pas le saint est purement expérimentale : les saints ne sont pas les seuls qui aient accompli des prodiges.

Tous les prodiges réels ne supposent pas un pouvoir identique. Quelques-uns semblent devoir être exclusivement réservés au Créateur, tant ils surpassent les efforts de toute la nature créée, par

_____

(1) Bened. XIV, *op. cit.*, lib. IV, p. I, c. I, 12.

exemple la résurrection d'un mort. Mais il est d'autres œuvres prodigieuses qu'on pourrait attribuer à des intelligences pures, telles que des anges, bons ou mauvais. Bien que ces intelligences ne possèdent l'être que grâce à une création de Dieu, leur essence suppose néanmoins une activité incomparablement plus haute et plus puissante que celle de l'homme, et par conséquent une connaissance et une utilisation beaucoup plus étendues des lois de la nature. Les auteurs rangent, par exemple, au nombre de leurs prérogatives, celle de pouvoir, dans certains cas, produire des troubles atmosphériques anormaux. Enfin il est des faits, normaux de soi, que leurs modalités, les circonstances, les coïncidences, l'intentionalité, peuvent faire classer parmi les miracles. La nature ou l'homme pourraient les produire, mais pas de la même manière que Dieu (1).

Ce troisième genre de miracles est le moins élevé et aussi, cela se conçoit, le plus fréquent. Nous admettrions volontiers, tout au moins dans ce dernier cas, qu'il n'y a qu'une simple suppression de lois intermédiaires, ou une substitution de lois plus hautes aux lois que nous voyons s'appliquer couramment. C'est le cas dans la guérison subite d'un malade qui peut-être, grâce au traitement de la science, aurait guéri quand même, mais lentement et par degrés.

Comment, en effet, si l'on n'admet pas cette hypothèse, poser en principe que le démon, qui peut, lui aussi, produire des prodiges analogues, ait le pouvoir de se soustraire aux lois posées par Dieu ? Il utilise simplement les lois naturelles avec une intelligence et une puissance supérieures aux nôtres.

Dans ces cas, le seul critérium qui permettra de

____

(1). V. S. Th., I, q. CV, art. 8 ; Bened. XIV, op. cit., l. IV, p. I, c. I, 6-11.

discerner à coup sûr le miracle de sa contrefaçon diabolique ou de son analogie humaine, résidera dans les caractères extrinsèques du fait miraculeux, surtout dans la constatation de l'Agent qui le produit.

C'est pourquoi, tandis que les miracles de la première catégorie s'imposent d'eux-mêmes à la raison, dont le rôle se borne alors à discuter la réalité du fait ; les autres prodiges demandent à qui a la charge de les reconnaître, surtout dans les procès de canonisation, une critique minutieuse, incorruptible.

Les guérisons, par exemple, ne sont admises comme miracles, que si elles sont revêtues de plusieurs conditions indispensables, parmi lesquelles la persistance, la gravité, l'incurabilité même de la maladie, l'instantanéité de la convalescence, l'absence de rechute. En un mot, la guérison doit se différencier, par des caractères absolument déterminés et sûrs, de la guérison normale.

Il en est de même pour tous les miracles autres que ceux de premier ordre. D'eux-mêmes ils ne prouvent rien, qu'une puissance supérieure ou une particulière habileté. Ils ne sont pas la sainteté.

*
* *

Si l'on étudie les miracles que présente l'histoire des saints, ils se font remarquer toujours par leur caractère d'utilité. L'effet que Dieu se propose en les permettant est de procurer un bien corporel ou spirituel pour le prochain, ou bien d'établir la mission divine de celui qui l'accomplit, ou d'augmenter la confiance dans l'œuvre providentielle dont il est chargé, ou simplement de glorifier la Majesté divine. Jamais le saint ne fait un miracle dans le but de se mettre soi-même en valeur.

Et c'est même une des caractéristiques les plus certaines du vrai miracle que l'état d'âme du thaumaturge. Plus la puissance de Dieu se manifeste en sa personne, plus il s'abîme dans des profondeurs d'humilité. Ce n'est que justice. L'homme arrivé assez proche du Seigneur pour répandre les œuvres prodigieuses sur ses pas, s'est au préalable complètement dégagé de lui-même. Il sait qu'une puissance supérieure s'est substituée à sa faiblesse, et agit à sa place. Il sent que ses mérites ne sont pour rien dans les merveilles qu'il opère, mais que seule la volonté indiscutable du Maître souverain l'a ainsi décrété. Alors il s'anéantit en présence de celui qui a pris possession de son cœur et de sa main. Il s'efforce de cacher au plus secret asile de sa conscience silencieuse l'action de Dieu. Et lorsque, malgré lui, les foules, enthousiasmées, se pressent sur ses pas, il demeure l'homme simple et bon qu'il a toujours été. Le paganisme produit un Apollonius de Tyane ; l'Evangile, un Antoine de Padoue.

Il n'est pas rare même de voir le thaumaturge supplier le Seigneur de lui retirer sa puissance. Le miracle n'est-il pas pour lui une récompense anticipée de ses efforts, et ne court-il pas le dangereux risque de s'arrêter trop complaisamment à cet ordre de faveurs admirables, mais qui ne sont pas Dieu ? Le prodige lui-même ne peut-il pas se poser en obstacle à sa sainteté ? Puis le thaumaturge, qui reste un homme malgré tout, éprouvant peut-être tout au fond de soi-même les bouillonnements confus de l'amour-propre, jamais complètement anéanti, tremble que cette marée vile ne monte insensiblement jusqu'à le submerger. Plus haut la main de Dieu l'a élevé, et plus profonde serait la chute : c'est pourquoi il préfère que tout danger s'éloigne de lui.

D'autres fois, au contraire, l'œuvre miraculeuse devient tellement familière au thaumaturge, qu'il semble agir, non plus au nom de Dieu, mais en son propre nom, comme si Dieu lui avait départi sa puissance. « Ceux qui sont intimement unis à Dieu, dit saint Grégoire le Grand dans ses exquis *Dialogues*, lorsque les circonstances le demandent, opèrent des miracles de deux manières : quelquefois ils les font en vertu de la prière, quelquefois en vertu de leur puissance. Car saint Jean a dit : A ceux qui l'ont reçu, Notre-Seigneur a donné le pouvoir de devenir enfants de Dieu (1). S'ils ont le pouvoir de devenir enfants de Dieu, quoi d'étonnant qu'ils aient aussi celui de faire des prodiges ? Saint Pierre nous montre ces deux sortes de miracles : il ressuscita Tabithe en priant (2), et il punit de mort le mensonge d'Ananie et de Saphire en les reprenant (3). Nous ne lisons pas qu'il ait prié pour les faire mourir, mais qu'il leur reprocha seulement la faute qu'ils avaient commise. Il est donc certain que les miracles se font quelquefois par puissance, quelquefois par prière, puisqu'il fit mourir ceux-ci en les reprenant, et qu'il rendit la vie à l'autre en priant (4). »

Cette distinction est ingénieuse : elle n'est vraie que si on l'entend bien. Il est évident que personne au monde ne saurait, par sa propre puissance, accomplir un vrai miracle. Saint Grégoire veut simplement dire que dans certains cas, la volonté du saint s'est tellement identifiée à celle de Dieu, qu'il n'a plus besoin, pour ainsi dire, de faire appel par la prière, à une puissance supérieure : il sait que le Seigneur se conformera à sa propre volonté. De là les familiarités extraordinaires des saints à l'égard de Dieu, et la profusion de miracles qu'on remarque parfois dans leur vie. Sans remonter aux thaumaturges anciens, le XIXᵉ siècle n'a-t-il pas vu le curé d'Ars et dom Bosco ?

(1) Joan., I, 12.
(2) Act., IX, 40.
(3) Act., V, 1-10.
(4) Dial. II, 30.

CONCLUSION

De ces pages trop courtes, où les idées ont été plutôt remuées en leur surface qu'épuisées à fond, une notion se dégage d'abord : la diversité de physionomie des saints. Aucun saint, peut-on dire, n'est calqué sur un autre. Les tempéraments, l'âge, les habitudes intellectuelles, le disparate des états qu'ils ont occupés, depuis le Souverain Pontificat jusqu'à l'esclavage, en passant par toutes les professions libérales et tous les métiers, leurs idéals personnels de perfection, les dispositions de la Providence, les nécessités des temps, toutes ces causes ont tranché profondément le caractère de chacun d'eux.

Il en résulte que tous les saints ne sont pas imitables et que tout n'est pas imitable dans les saints : autrement la vertu serait contradictoire à elle-même. Sainte Thérèse avait un culte pour la propreté, saint Benoît Labre la dédaignait au point que l'on sait : en cela ils sont saints l'un et l'autre ; mais comment les imiter tous les deux ? Ainsi pour beaucoup d'autres points moins saillants.

De même il ne faudrait pas se monter l'imagination au récit des miracles accomplis par les saints, ni rechercher les états mystiques décrits par leurs biographes ou par eux-mêmes. Cet élément surnaturel ressort uniquement et sans exception de la volonté divine. Vouloir y atteindre de soi-même, c'est se fourvoyer.

Une seule chose produit la sainteté et la constitue : l'union de la volonté à Dieu, et par suite la recherche en toute chose de la perfection. Le reste est accessoire. Une âme veut-elle connaître où elle en est sur cette voie ? Qu'elle examine, dans la vérité et dans la foi, selon le mot si juste d'un maître en sainteté, « si vraiment elle cherche Dieu. (1) »

(1) *Si vere Deum quærit.* Reg. S. Bened., c. LVIII.

TABLE DES MATIÈRES

Introduction........................... 5

I. — L'Essentiel de la Sainteté......... 7

II. — L'Accessoire...................... 37

Conclusion............................. 60